나는 나를 사랑할 수 있을까

나는 나를
사랑할 수 있을까

열등감으로부터 나를 지키는 자기회복 심리학

강지윤 지음

오후의
서재

당신이 동의하지 않는 한,
이 세상 누구도 당신이 열등하다고 느끼게 할 수 없다.

엘리너 루즈벨트

코로나 시대,
열등감으로부터 나를 지키는 법

현대를 살아가는 수많은 사람들이 심리적 질병을 앓고 있다. 우울증, 조울증, 대인기피증, 공황장애 등 과거에는 심각한 정신 질병으로 여겨졌던 것들도 이제 그리 낯설게 느껴지지 않는다. 주변에서 이런 질병으로 정신과 상담이나 심리 치료를 받고 있다는 이야기도 심심치 않게 들려온다.

특히 코로나19를 거치며 이러한 증상은 더 심화되었다. '코로나블루', '코로나레드'를 넘어 '코로나블랙' 등 사람들의 힘든 마음 상태를 대변하는 여러 용어까지 등장했다. 사회적 거리두기(비대면 추세 강화), 감염에 대한 공포, 서로에 대한 불신과 혐오, 경제 위기, 갈등 및 분열이 사람들의 우울과 불안에 큰 작용을 하고 있다. 코로나가 가져온 파장은 여러 방면에서 사람들의 삶의 방식과 사고방식을 변화시키고 있다.

최근 정신적 질병이 심화되는 가장 큰 원인 중 하나로 SNS를 들 수 있다. SNS를 통해 타인의 삶을 쉽게 접하게 되면서 열등감을 일으키는 비교심리가 자극받는 일이 잦아졌기 때문이다. 20, 30대의 우울증 비율이 높아진 이유이기도 하다. 이는 SNS가 본격적으로 등장한 10년 전부터 꾸준히 늘어나고 있던 추세가 코로나로 인해 심화된 것으로 보인다. 사회적 거리두기를 하며 사람들은 SNS로 소통하는 일이 많아졌고 전 세계 사람들의 일상을 손쉽게 들여다볼 수 있게 되었다. SNS 속 화려해 보이는 타인의 삶과 자신의 일상을 비교하며 '열등감'이 심해졌다는 사람들도 많다.

한편 코로나 이후 명품 수요가 늘어나자 자연스럽게 열등감을 느끼는 사람들이 더 많아지고 있다. 타인에 대한 열등감 때문에 강박적으로 명품 쇼핑을 하는 사람들은 늘 있어왔지만, 그 비교심리가 더 심해진 것이다. 또 한 편에서는 많은 사람들이 예쁘고 깔끔하게 홈 인테리어를 하고 그것을 과시하는 사람들도 늘어나고 있다. 코로나로 외부 출입이 제한되는 상황에서 프리미엄 가전 소비가 급등한 것이 그 방증이다. 이는 코로나로 인해 해소되지 못한 여행 욕구, 보상 심리 등이 작용한 현상이라고 볼 수 있다.

뿐만 아니라 최근에는 경제가 어려워지면서 주식, 부동산, 재테크 등에 대한 관심이 급격히 늘어나고 있다. 소위 '영끌'을 통해 주식투자, 비트코인투자 등에 수요가 몰리고 누군가 몇 배의 소득을 얻었다는 소식을 들으면 자신만 시대에 뒤쳐진 것 같은 자괴감에 빠지기도 한다. 미친듯이 치솟은 집값 때문에 이제는 내 집 마련에 대한 꿈이 '확실하게' 좌절된 청년들이 거의 유일한 대안으로 영끌 투자를 하게 된 것이다. 이 복잡하고 비극적이고 대단히 민감한 사안은 복합적으로 얽혀있으며 또 다른 열등감을 부풀리고 있다.

성공한 사람들에 대한 열등감도 높아지고 있다. 물론 그들에 대한 상대적 박탈감이나 열등감은 늘 있어 왔다. 미디어를 통해 보이는 성공한 연예인이나 방송인들의 모습을 보면서 부러움과 자괴감, 열등감에 시달린다는 내담자들의 이야기를 많이 들어왔다. 그들이 실제로 어떤 삶을 사는지는 잘 알지 못한 채, 화면에 비친 부귀영화를 누리며 행복해 보이는 모습에 심장이 찢기는 듯한 시기심과 열등감으로 괴로워하기도 한다. 끊임없이 자신의 상황과 모습을 그들과 비교하면서, 스스로를 힐책하며 '나는 뭐 하고 있나'라는 한탄과 '나는 저렇게 될 수 없어'라는 체념을 반복하면서 말이다.

우리는 지금 '경제적 위기의 시대', '불안의 시대'에 살고 있다.

이 시점에 우리는 마음을 괴롭히는 열등감으로부터 스스로를 지키는 법에 대해 생각해봐야 한다. 이 책은 필자가 심리상담에 삼십 년 이상을 바치면서 발견하거나 해결해 온 '내면의 열등감'에 더욱 초점을 맞추고자 했다. 구조적인 문제의 해결도 필요하지만 '자아 변화'가 이루어지지 않으면 소용이 없기 때문이다.

나는 나다. 그 누구도 될 수 없다. 나는 유일하며 누구도 대체할 수도 없다. 그래서 내가 나를 인정하고 보듬어주고 사랑해 주어야 한다. 이 책을 읽는 독자들이 진정한 자신을 찾아갈 수 있기를 바란다. 이 책이 모든 문제들을 해결해 줄 수는 없겠지만 자신의 현재의 삶과 미래를 위한 삶의 방향에 조그만 힌트와 이정표가 되어줄 것이다.

모든 사람은 열등감이 있다. 사람마다 그 크기와 종류가 다를 뿐이다. 열등감이 있어도 괜찮다. 우리는 열등감과 함께 살아가며 성장할 것이고, 때로는 열등감을 뛰어넘어 자존감의 회복을 이룰 것이다. 자존감이 높아질수록 비교심리는 줄어들고 '자아존재에 대한 긍정감'이 높아져 남보다 가진 게 적어도, 남보다 부족해도, '삶의 행복도'는 늘어나게 될 것이다.

열등감에 빠져 아파하는 당신을 위한
자존감 회복 훈련

살면서 누구나 크고 작은 열등감을 느낀 적이 있을 것이다.

'저 사람은 얼굴도 예쁘고 키도 크네, 부럽다.'
'사랑받고 자란 사람은 역시 풍기는 분위기가 달라. 나는 안 그런
데….'
'좋은 대학 나와서 대기업에 다니는데 집안까지 좋네.'

자신에게는 없는 무언가를 타인에게서 발견했을 때 부러움을
느끼는 동시에 스스로가 초라해지는 열등감은 우리가 살아가는
동안 가장 쉽게 그리고 가장 많이 겪는 감정일 것이다. 사람은 자

신의 열등감 때문에 쉽게 분노하고 또 쉽게 좌절하거나 우울해한다.

누군가는 자신의 열등감을 의식조차 하지 못한 채 그저 순간적인 불쾌감으로 느끼고 넘길 수 있지만 누군가에게 열등감은 삶과 미래의 꿈을 불행으로 물들게 할 수 있는 파괴력을 지녔다. 열등감은 자기 자신을 향해 쏘는 총이며, 그 총에는 '결핍'이라는 총알이 장전돼 있다. 심리적으로 결핍이 크고 성숙하지 못한 사람은 그 총에 맞을 때마다 치명적인 상처를 입는다. 자신이 쏘는 총에 스스로 다치는 셈이다. 그런 사람은 자신을 그렇게 만든 것이 상대방이라고 착각해 상대에 대한 분노와 질투, 시기를 폭발하기도 한다. 그러나 심리적으로 성숙하고 건강한 사람은 열등감을 느껴도 다르게 반응한다.

'부럽다. 내가 봐도 참 멋진 사람이네. 나도 노력하면 저렇게 될 수 있을 거야.'

'나한테는 없는 걸 저 사람은 갖고 있네. 그래도 난 저 사람이 가지지 못한 강점이 있어.'

건강한 열등감을 가진 사람은 상대방의 장점을 인정하고 자신에게 부족한 점들이 있다는 것도 인정한다. 이런 자세는 열등감이라는 자신의 감정 자체를 인지하고 인정하는 것이다. 그리고 내가 부러워하는 저 사람에게도 나름의 결핍이 있으며, 저 사람에게는 없는 장점 및 내면의 자산이 나에게 있으니 괜찮다고 생각한다. 뭔가를 갖고 있지 않다고 해서 그런 자신을 가혹하게 내몰지 않는 것이다.

다시 말해 건강한 열등감을 가진 사람은 다른 사람과 자기 자신을 잘 분리하는 사람이다. '나는 나', '나는 나로서 괜찮은 존재'라고 스스로를 여기는 것이다. 그런 사람은 열등감을 느껴도 크게 괴로워하지 않는다. 그러나 건강하지 않은, 병적인 열등감을 가진 사람은 이렇게 생각한다.

'능력 있으면 다야? 뭐, 대단한 거 한다고.'
'저 얼굴이 뭐가 예뻐?'
'왜 저렇게 거만하고 잘난 척이야? 자기가 정말 잘났다고 생각하나?'

열등감을 느끼는 대상에 대해 (부러워하고 있으면서도) 그 부러운 장점을 인정하지 않고 비꼬거나 오히려 상대를 비난하고 괴롭히는 사람은 병적인 열등감에 사로잡힌 사람이다. 이런 사람은 자신의 비틀린 열등감으로 인해 타인을 힘들게 하기도 하지만, 무엇보다 자신을 끝없이 고통스럽게 만든다.

다른 사람에게 배울 점이 있으면 배우면 되고 뛰어난 점이 있으면 그 뛰어남을 인정하고 칭찬해주면 된다. 타인의 장점을 알아보고 칭찬해주는 당신이 더 멋지고 훌륭한 사람이다. 이처럼 건강한 열등감은 오히려 당신의 자존감을 높여주는 역할을 한다.

나도 한 때 열등감에 찌들었던 적이 있다. 내 상황이 고통스러웠으니 당연했다고 애써 포장하고 싶진 않다. 겉으로 티를 내진 않았지만 십대와 이십대를 지나는 동안 내 주위의 사람들이나 텔레비전에 나오는 모든 사람이 나보다 나은 것처럼 보였다. 그들은 너무 많은 것을 가졌고 그런 생각을 할수록 나는 점점 더 초라하고 비참해졌다. 이런 건강하지 못한 열등감에서 서서히 벗어나자 내가 더 정확히 보이기 시작했다. 여전히 내안에는 열등감이 자리 잡고 있다. 하지만 이전과는 다른 건강한 열등감으로. 이 열등감은 나를 좀 더 나은 사람으로 만들 원동력이 되었고 노력하게 되는 자극이 되었다.

이 책은 열등감 때문에 고민하고 괴로운 사람들을 위해 쓰였다. 누구나 타인과 자신을 비교하며 생긴 열등감을 느끼면서 산다. 하지만 그동안 이상하게도 열등감은 자존감에 비해 거의 다뤄지지 않았다. 자존감이 우리 삶의 열쇠를 쥐고 있는 중요한 키워드처럼 여겨졌다면 열등감은 그저 외면해 버리고 싶은 '불쾌한 단어'에 불과했기 때문이다.

하지만 열등감과 자존감은 서로 동전의 앞뒷면 같은 감정들이다. 그래서 열등감을 뒤집으면 자존감이 나오고 자존감을 뒤집으면 곧바로 열등감이 나타난다. 자존감을 높이고 싶다면 열등감을 무시해선 안 되며 무시할 수도 없다. 자존감을 높이고 싶은가? 열등감이 낮아지면 자존감은 저절로 올라갈 것이다. 열등감이 높은 사람이 자존감도 높을 수는 없다. 동전을 던졌을 때 동시에 두 가지 면이 나올 수 없는 것처럼 말이다.

당신의 열등감은 자존감보다 당신에 대해 많은 것을 알고 있다. 열등감을 느낀다는 건 자신의 부족함을 어렴풋이나마 느끼고 있다는 증거다. 오히려 "난 아무런 열등감 없는데?"라고 하는 사람일수록 열등감투성이에 그 열등감으로 타인을 괴롭게 하는 사람일 수 있다.

'열등감은 스스로 못난 사람이나 갖는 것'이라고 여기는 건 거짓 자아에 기반한 자기기만 행위이기도 하다. 그러니 열등감을 느낀다는 것만으로 자신을 못난 사람이라고 질책하지 않길 바란다. 열등감을 열등감인 채로 평생 남겨두는 것이 문제이지, 그것을 느끼고 어떻게든 해결하려고 하는 사람은 그 시도 자체만으로도 훌륭하고 성숙한 사람이다.

분석심리학의 개척자로 평가받는 정신의학자 카를 구스타프 융Carl Gustav Jung은 "당신이 가진 어둠을 인식하는 것은 다른 사람의 어둠에 대처하는 최고의 방법"이라고 말했다. 당신이 가진 어두운 열등감은 무엇인가. 돈? 외모? 학벌? 성격? 소위 '흙수저', '금수저'라 불리는 집안 배경인가? 그것이 무엇이든지간에 이제 자신 마음 속의 어둠, 즉 '열등감'을 제대로 바라볼 시간이다. 그래야 자신의 열등감에 스스로 번아웃되지 않고, 타인의 열등감에 휘둘려 무너지지 않는다. 자신의 열등감을 인식하고 극복하면, 그 열등감은 오히려 당신을 지켜주는 심리적 무기가 될 것이다. 나를 나로 충분하게 하는 원료는 바로 그 열등감에서 나올 수 있는 것이다.

그러기 위해선 당신의 '진짜 열등감'이 무엇인지 깨달아야 하고, 그걸 스스로 인식할 용기가 필요하다. 당신은 자신에게 솔직해야 한다. 아무리 외면하고 싶은 것이라도 타인에게뿐 아니라 무엇보다 스스로에게 진실을 말해야 한다. 당신에게는 그 열등감을 극복할 자원이 충분히 있으며 이를 믿어야 한다. "나는 더 나은 사람이 될 수 있다"는 사실을 용기를 갖고 믿어야 한다. 지금, 당장, 먼저 해야 하는 것은 당신의 가장 깊은 어둠 속으로 들어가는 것이다. 두려워하지 말고.

Chapter 1

나는 나를 사랑할 수 있을까
열등감과 자존감의 상관관계

돈은 나의 가치를 대신하지 않는다
경제적 열등감

모두에게 좋은 사람일 필요 없다
관계 열등감

(Chapter 6)

있는 그대로의 나를 받아들이는 연습
열등감 극복 수업

나는
나를
사랑할 수
있을까

열등감과 자존감의
상관관계

수치심을 불러일으키는 열등감

　　사람은 태어난 이후 자신을 바라봐주는 부모에 의해 자신의 자아를 어떻게 바라보게 되는지가 결정된다. 미러링(거울반영), 이 작고도 커다란 리액션 때문에 누군가는 자라서도 사람들 앞에서 계속해서 자신을 부끄럽게 생각하고 자신감 없게 살며 불행감을 느끼게 된다.

　　"넌 왜 그 모양이야?"
　　"그 정도로 공부해서 좋은 직장에 취직이나 하겠어?"
　　"너 자꾸 먹다가는 돼지같이 살찐다."
　　"형 좀 본받아라. 커서 뭐가 되려고 저래."

하루에도 수없이 아이들이 듣게 되는 일상적인 부모들의 말이다. 부모들은 자신이 그런 말을 했다는 사실도 모를 정도로 무의식적으로 그런 말을 한다. 그것은 아마도 자신의 부모에게 들었던 말이 내면에 숨어 있다가 자기도 모르게 흘러나오기 때문일 것이다.

실수를 용납하며 용기를 주었던 부모를 가진 사람은 실수를 두려워하지 않고 나아간다. 그러나 실수할 때마다 핀잔을 들었거나 꾸중을 들었다면 조그만 실수에도 심한 수치심을 느끼며 그 자리에 주저앉게 된다.

그러나 언제까지 부모가 준 말의 상처 때문에 조금도 성장하지 못한 채 부모를 원망하며, 수치스러운 감정에 몸서리치며 그 자리에 웅크리고 있어야겠는가. 당신은 이제 일곱 살도 열 살도 아니다. 당당히 성인이 되었고 자아를 스스로 책임을 질 수 있는 독립적인 존재가 되었다.

내면화되어 얽혀있는 수치심은 묻어놓을수록 커지기 때문에 반드시 해결하면서 살아가야 한다. 아무리 해결해도 오랫동안 학습된 감정의 기억 때문에 모든 수치심을 몰아내기는 어려울 것이다. 그럼에도 우리는 깊은 곳에 묻혀있는 아주 원초적인 '나의 수치심의 이유'를 찾아내고 해결해야 한다.

수치심을 줄이는 방법,
'자기노출'

　수치심이 크게 자리 잡고 있는 사람일수록 불안과 열등감이 크다. 불안이 크니 당연히 분노도 크다. 그리고 그 분노가 쉽게 타인을 향할 수 있다. 불특정 다수에 대한 혐오감과 분노가 다양한 '묻지마 범죄'를 양산하기도 한다. 대놓고 범죄를 저지르지 않더라도 몰래 숨어 익명으로 연예인의 기사에 악플을 달아 상처를 주거나 소극적 분노나 악의적인 부정적 평가로 상대방이 상처받는 모습을 보며 쾌감을 느끼는 성격이상자가 되기도 한다.

　근래에 코로나가 일상에 자리 잡으면서 우리는 자신도 모르게 더욱 타인에 대한 경계와 혐오감을 키우게 되었다. 이런 때일수록 타인에 대한 긍휼과 공감을 잊지 않기 위해 노력해야 한다. 사람은 모두 연약하며 완벽하지 않기 때문이다.

　하지만 수치심은 자신과 타인에 대한 기준을 몹시 높게 만들어 쉽게 비난하고 비판하게 한다. 그러면서 더욱 큰 부끄러움 속에 자신을 숨기게 된다.

　각종 미디어 매체에서 수없이 많이 진행하는 오디션 프로그램에선 매회 마다 승자(살아남은 자)와 탈락자를 정하는데, 이를 불편하게 생각하는 사람들은 아예 그런 프로그램을 시청하지 않기도 한다. 떨어진 사람들이 느낄 수치스러운 감정에 자신의 감정을 이입하면 불편하고 비참한 감정까지 느끼기 때문이다.

인간 내면에 형성되고 자리 잡은 수많은 부정적 감정 중에 하나가 수치심이다. 이 수치심의 원초적인 모습들을 조금씩이나마 덜어내지 않으면 이 세상에 사는 것이 버겁고 숨 막히고 힘겹게 느껴질 것이다. 그러면 이 수치심을 어떻게 해결할 수 있을까?

어떤 가수가 이렇게 말했다. "저는 ○○씨가 상을 타면 너무 배가 아플 것 같았어요. 그래서 저도 도전했어요…." 이 말을 들은 사람들은 폭소를 터뜨렸다. 하지만 그런 말을 하는 것은 결코 쉬운 일이 아니다. 자신의 열등감과 못난 모습을 드러내야 하기 때문이다. 나는 그 가수가 솔직하게 자기노출을 하는 건강하고 자존감 높은 사람으로 보였다. 이렇듯 수치심을 벗을 수 있는 가장 쉽고도 어려운 방법이 '자기노출'*이다.

열등감과 수치심을 노출하는 것이 쉽지는 않다. 개그맨들이 자신의 콤플렉스를 희화화하며 사람들에게 웃음을 주는 것을 자주 보게 된다. 신체적 수치심, 정신적 수치심, 사회적 수치심, 정서적 수치심 등 수많은 수치심은 신기하게도 노출할수록 자신이 느끼는 수치심의 강도가 낮아진다. 그런 사람에게 사람들은 방어적인 태도를 풀고 편안히 대하기 시작한다.

---

* 사람들이 어떤 정서를 경험하게 만든 스트레스나 외상과 같은 부정적 사건에 대해 말을 하거나 글로 쓰는 것으로 자신의 정서를 표현하는 치료법.

우리는모두
연약한 사람이다

모든 수치스러운 느낌과 규정에는 타인의 기준과 시선이 있다. 키가 작거나 몸이 뚱뚱하거나 눈이 작거나… 어느 때부터인가 TV와 미디어가 제시하는 것이 미의 기준이 되어 버렸다.

영상 문화가 없던 시기에는 각자의 개성에 따라 아름다움의 기준이 그나마 지금보다는 다양했던 것 같다. 타인이 설정해놓은 높은 기준으로 자신의 신체를 대비하며 끝없이 수치심을 키우는 아동기·청소년기의 아이들은 그 수치심을 채 해결도 하기 전에 공부와 학벌에 대한 기준으로 평가받고 인간 자체로서의 존엄함은 제대로 키우지 못하고 있다. 그래서 자신을 받아들이지 못하고 타인에 대해서는 공격적인 태도만 키우게 된다.

심리상담에서 아주 중요한 것이 '자기노출'이다. 수십 년간 숨겨놓았던 자신만의 수치를 상담실에서 조금씩 노출시키면서 때로는 상담자에게 심한 저항감을 드러내거나 상담자가 자신을 싫어한다고 느끼기도 한다. 왜 자신을 수치스럽게 하냐고 대놓고 화를 내며 증오심을 표출하는 경우도 있다.

그 살얼음판 같은 과정을 거치는 동안 마음의 치유가 조금씩 일어나는데, 수치스럽게 여겼던 것들이 어느 순간부터 아무 것도 아니었다는 것을 통찰하게 되면서 부터다. 그리고 다른 사람에게도 흔히 있는 동일한 감정이라는 걸 깨달으면서 오랫동안 자신을 괴롭힌 수치심이란 감옥에서 비로소 벗어나게 된다.

장 자크 루소Jean Jacques Rousseau는 이렇게 말했다.

"모든 사람은 벌거벗고 가난하게 태어나며, 삶의 비참함, 슬픔, 병듦, 곤란과 모든 종류의 고통을 겪게 마련이며 종국에는 모두 죽게 된다. …인간을 사회적으로 만드는 것은 바로 이러한 인간의 연약함이며, 우리 마음을 인간애로 이끌고 가는 것은 우리들이 공유하는 비참함이다."

자신이 결코 완벽할 수 없으며 완벽하지 않아도 된다는 '자기 수용'＊은 깨달음의 과정과 함께 자신을 성장시킨다. 만약 어른이 되고 노인이 되어도 이러한 약한 모습의 자기 자신을 수용하지 못한다면, 자신보다 약자를 공격하거나 조종하는 사람이 되고 만다.

＊ 환자가 상담에 의해 자기자신을 가치 있는 인간이라고 생각하게 되어, 자기의 가치기준이 자신의 경험에 근거한 것이라고 생각하고, 감정 등을 있는 그대로 볼 수 있게 되는 상태.

내 안의 열등감을
마주할 시간

우울증이나 불안증 같은 심리적, 정신적 질병의 뿌리에는 수치심이 매달려 있다. 기억도 나지 않는 어린 시절부터 최근까지, 비교 당하고 비판 당하며 용납되지 못했던 자아에서부터 수치심은 분열되고 확산되어 지금까지 자신을 지배해 왔다. 이것을 해결하지 못하면 끊임없이 열등감에 얽매여 스스로를 제대로 바라볼 수가 없다. '나를 받아들이는 것'이란 우리 내면에 쌓여있는 문제를 먼저 직면해야 한다는 뜻이다. 당신의 마음 깊은 곳에는 당신이 들여다봐주길, 해결해주길 기다리고 있는 다양한 문제들이 있다. 그 문제들을 외면한다면 영원히 미해결된 자기 자신을 안고 살게 된다.

당신에게는 어떤 수치심이 있는가. 외모? 성격? 집안 문제? 구체적으로 어떤 열등감이 당신을 수치스럽게 하고 밤잠을 설치게 만들고 폭식하게 하며 소중한 사람들에게 화풀이를 하게 만드는가. 무엇이 나 자신을 용납할 수 없게 만드는가. 보기 싫고 알고 싶지 않더라도 마음을 조금만 열고 그 문제를 바라보길 바란다. 일단 내면의 해결되지 않은 문제를 깨달을 수 있도록 스스로에게 노출해야 한다.

물론 그 순간 스스로가 한없이 약하고 추하고 수치스러운 존재로 느껴질 것이다. 누가 그런 자신을 알아챌까 두려울 수도 있다. 스스로를 형편없는 존재로 보고 싶어 하는 사람은 아무도 없다. 열등감을 꽁꽁 숨기는 이유는 그런 자신을 남에게 들킬까 봐 두려워하는 심리 때문이기도 하다. 자신의 열등한 점을 타인에게 들키는 것은 그 자체로 잔인하고 고통스러운 일이다. 그래서 열등감은 언제나 마음 깊은 곳에 은밀히 자리하고 있다. 하지만 그것을 모른 체하면 자존감이라는 그럴듯한 포장지로 아무리 덮어도 누군가의 말 한 마디에, 눈길 한 번에 와장창 무너져 버리고 말 것이다. 그리고 고민한다. '자존감을 도대체 어떻게 높이라는 거지?' 그보다 더 회의적인 질문이 떠오를 수도 있다. '다들 자존감, 자존감 하는데 그게 대체 뭐지?'

직장 상사에게 칭찬 받았을 때, 학교에서 시험 점수가 높게 나왔을 때 우리의 마음속 감정은 으쓱해진다. 하지만 알다시피 그 감정은 오래가지 않는다. 《질서 너머》에서 조던 피터슨Jordan Peterson 교수는 프로이트를 언급하며 "인간의 성격은 헐겁고 파편화된 마음들의 불협화음"이라고 말했다. 조합과 분열, 질서와 혼돈을 오가는 우리의 마음은 단단하지도 않고 고정적이지도 않다. **자신에 대한 진정한 긍정적 신뢰가 없는 상태에서는 타인의 평가나 순간적인 호의가 자존감을 만들어주지 않는다.** 자존감은 일시적이고 긍정적인 감정이 아니기 때문이다. 한 번 얻으면 죽는 날까지 계속 유지되는 어떤 성질도 아니다. 우리는 매일매일 열등감을 느끼고 순간순간 주어지는 작은 자존감을 얻기도 한다. 지속적이고 영구적인 자존감을 얻고 싶다면 지금 당신의 마음을 최악으로 갉아먹고 있는 수치심과 열등감을 건져내야만 한다. 그것이 왜 열등감으로 깊이 자리 잡고 있었는지 그리고 언제 어떻게 커져 당신을 괴롭게 하는지 진지하게 들여다봐야 한다.

스스로를 어떻게 생각하는지가 중요하다

이제는 자신의 수치심의 원초적 이유를 들춰보며 타인의 기준과 평가가 완벽하지 않다는 사실도 알아야 한다. 또한 그것이 중요하지 않다는 사실도 통찰해야 한다. 그리고 지금 있는 그대로의 나를 받아주고 아껴주고 존중해 주어야 한다. 그래야 타인의 시선에 휘둘리지 않고 '나'로서 존재하며 '나'인 것을 감사하며 행복하게 살 수 있다. 있는 그대로의 나 자신을 받아주고 존중하려면 어떻게 해야 할까? 먼저 나에 대한 관점을 '타인'에서 '나'로 옮겨와야 한다. 그래야 타인의 시선에 휘둘리지 않고 나 자신을 정확히 바라볼 수 있다.

하지만 심한 열등감을 갖고 있으면 단순히 기분이 나쁜 것을 넘어서 수치심을 느끼게 된다. 이때 느끼는 수치심은 '영혼을 잠식하는 늪'과 같다. 그곳에 한 번 빠지면 쉽게 헤어 나올 수 없다. 자신의 존재 자체에 대한 근본적인 의문이 건드려지기 때문이다.

크고 작은 열등감을 느끼게 되는 순간은 내게는 없는 무언가가 타인에게는 있는 것을 보게 되는 순간이다. 예를 들어 내가 평소 얼굴이 크고 각진 것이 열등감이라고 하자. 옆에서 누군가 제3자를 가리키며 "와, 저 사람 정말 얼굴형이 예쁘다"라고 말 하는 순간 자동적으로 나의 얼굴과 비교돼 열등감과 수치심이 올라올 것이다. 꼭 나와 비교해 한 말이 아님에도 불구하고, 그러한 열등감은 마치 건드려지길 기다렸다는 듯이 불쑥 튀어나와 내 기분을 망치곤 한다.

누군가에게 열등감을 느끼면 기분이 나락으로 떨어진다. 열등감이 높은 사람은 그 열등감이 건드려졌을 때 큰 수치심을 느낀다. 동시에 자신에 대한 시선도 형편없이 낮아진다. 다른 사람을 질투하고 부러워하는 자기 자신이 싫어지고 심하면 혐오스럽다고 느끼기도 한다. 그래서 아무리 미디어나 책에서 '자존감이 중요하다. 너 스스로의 자존감을 높여라'라고 말해도 일상에서 자존감은 아무것도 아닌 순간마다 쉽게 무너지고 잊힌다.

당신에게 자존감이
필요한 이유

단순히 자존감이 높으면 좋기 때문에 자존감이 높아야 하는 것이 아니다. 낮은 자존감은 자신과 타인에 대한 인정과 존중을 막는다는 점에서 치명적이다. 자존감 척도*를 개발한 사회학자 모리스 로젠버그Morris Rosenberg는 "자존감이란 자기 자신에 대한 호의적이거나 비판적인 태도"라고 정의했다. 그는 "외모, 학벌, 가문, 계급장도 떼고 스펙도 다 버리고 아무 것도 드러내지 않은 채로 다른 사람과 마주했을 때, 내가 얼마나 매력적인 사람으로 보일지에 대한 스스로의 평가가 자존감"이라고 말했다.

한 번 상상해보자. 당신이 태어난 지역, 학벌, 직업, 외모 등의 배경을 전혀 밝히지 않은 상태에서 누군가와 마주했을 때 당신에게 호감을 느낄 사람은 얼마나 될까. 자존감이 낮은 사람이라면 이런 물음에 마음이 불편할 것이다. 반면 자존감이 높다면 타인의 평가에 민감하지 않을 것이다. 만약 "모든 면에서 당신과 비슷한 사람이 있다면, 당신은 그 사람과 연애 혹은 결혼을 하고 싶나요?"라는 질문에 "그렇다"고 대답할 수 있다면 당신은 자존

---

* 사회과학 연구에서 널리 사용되는 자기 존중감을 나타내는 척도. 로젠버그에 의해 개발되었다. 이 척도는 0~30의 점수로 자존감 정도를 판단하는데 15점보다 낮은 점수는 낮은 자존감 문제를 나타낼 수 있다.

감이 꽤 높은 사람이다. 그러나 선뜻 그렇게 대답하는 사람은 아마 많지 않을 것이다. 자신의 단점이나 참모습이 드러나면 상대방에게 인정받지 못하거나 사랑받지 못하게 될 것이라는 과잉 불안이 작용하기 때문이다.

자존감이 낮을수록 타인의 평가에 더욱 의존하게 된다. 타인이 눌러주는 '좋아요'에 일희일비하게 되는 것도 이런 이유 때문이다. 사람들이 SNS에서 그토록 '좋아요'를 눌러주기를 원하는 이유는 불특정 다수인 그들에게 인정받아야 스스로를 인정할 수 있다는 심리가 저변에 깔려있기 때문이다. 혼자 밥을 먹으면 세상이 자신을 따돌리는 것 같고 외톨이가 된 것 같은 우울감이 밀려들기도 한다. 타인의 평가가 자신의 기준보다 낮을 경우, 직장에서 학교에서 돌아와 그 일을 끊임없이 생각하고 고민하느라 밤에 잠도 잘 이루지 못한다. 어떤 경우엔 그 순간 느낀 수치심에 몸서리를 치게 되곤 한다.

"사람들은 생각보다 타인에게 그다지 관심이 없다"는 말을 어디선가 흔히 들었음에도 불구하고, 타인을 의식하고 인정을 바라는 건 쉽게 내 마음대로 되지 않을 것이다. 하지만 대부분의 사람들 역시 당신의 생각과 같다. 타인보다는 자신을 못났다고 생각하며 자책하는 데 상당한 시간을 보낸다. 그러니 오늘 당신이 조금 실수했거나 원치 않는 모습을 보였다고 해서 의기소침할 필요는 없다. 누구나 그 정도의 실수는 하면서 사는 것이다.

자존감이 건강한 수준으로 높은 사람은 내가 타인에게 어떻게 받아들여지는지 큰 의미를 두지 않는다. 심각하게 눈치도 보지 않는다. 자신에 대한 타인의 평가가 대단해보이지 않는다. 그들 역시 나와 비슷한 사람일 뿐이라고 생각하기 때문이다.

그러므로 열등감으로 인해 나 자신을 수치스러운 사람이라고 몰아붙이는 사람은 그 어떤 대단한 존재나 다른 사람이 아닌 바로 '나 자신'이다. 저 사람이 나보다 예쁘고, 잘생기고, 돈이 많고, 집안이 좋아서가 아니다. 그것은 외형적이고 표면적인, 그럴 듯한 비교 대상이 될 뿐이다.

나는 나 자신을 충분히 사랑하고 있나? 무의식적으로 나 자신을 누구보다 혐오하고 무가치한 존재로 인식하고 있진 않은가? 융은 "무의식은 우리 삶의 방향을 결정하게 되는데, 사람들은 이를 두고 '운명'이라고 부른다"고 했다. 이는 누구든 자신의 무의식에 깔린 열등감을 의식화해서 깊이 탐색하고 극복하지 않으면 그것이 곧 나의 운명이 되고 삶이 될 수 있다는 무시무시한 예언이자 경고이다. 이보다 열등감을 잘 다뤄야 할 이유가 또 있을까.

수치심을 다스리는 심리 치유 TIP

- 어떤 순간에 수치심이 드는지 기억을 떠올린다.
- 어떤 수치심들을 갖고 있는지 솔직하게 인정하고 인식한다.
- 수치심 극복을 위해 그런 감정이 들게 된 원인과 계기를 구체적으로 탐색한다.
- 그 수치심이 나로부터 시작되지 않았고 허상이라는 사실을 깨닫는다.
- 자신이 결코 완벽할 수 없다는 사실을 인정한다.
- 자기 자신을 수용하고 스스로를 성장시키도록 희망을 가지고 노력한다.

Chapter 1. 나는 나를 사랑할 수 있을까

습관적으로 자신에게
상처 주는 사람들

　엄밀히 말해서 열등감과 콤플렉스는 같은 뜻이 아니다. 융에 의하면 콤플렉스는 "인간의 무의식을 구성하는 정신 요소"이다. 다만 콤플렉스와 열등감은 상호 영향 관계에 있다. 예를 들어 콤플렉스가 많으면 많은 사람일수록 열등감의 강도를 심하게 느낀다. 또 평소 열등감이 높은 사람은 다양하고 더 심하게 콤플렉스를 느낄 수 있다.

　예전에 눈이 정말 예쁜 내담자가 있었다. 그런데 그녀는 스스로 그토록 아름다운 눈을 심각한 콤플렉스로 여겨 자꾸만 스스로에게 상처를 주었다. 객관적으로 봐도 예쁜 눈임에도 그녀는 "사람들이 자꾸 내 눈만 이상하게 쳐다봐요"라고 말했다. 평소 열등감이 높은 사람은 외모든, 성격이든 그 열등감의 에너지나 영역이 어느 쪽으로 강렬하게 발산될지 알 수 없다. 열등감이 외모 콤플렉스로 나타나 그녀처럼 스스로 '나는 너무 못났어'라고 생각하는 사람들이 많다. 그것만큼 자신을 고통스럽게 하는 생각이 없다.

또 다른 내담자는 성격도 착하고 외모도 예뻐서 주변 남성들에게 인기가 많았지만 호감 표시나 고백을 받을 때마다 거세게 외면하곤 했다. 그녀는 낭만적인 관계를 꿈꾸면서도 막상 그럴 기회가 오면 자신감을 잃고 번번이 도망을 가게 된다고 하소연했다.

"저를 좋아해 주는 건 고맙지만 그건 절 제대로 몰라서 그래요. 전 누군가를 사귀는 게 무섭고 불안해요. 내 못난 점을 들킬까 봐 무섭고 그래서 실연당할까 봐 불안해요. 애초에 시작을 안 하는 게 나아요."

낮은 자존감은 자신은 물론 타인에 대한 사랑과 인정의 통로를 막아 버린다. 사랑 받을 자격이 충분한데도 자존감이 낮으면 사랑하기도 힘들고 누군가 사랑을 줘도 그 사랑을 있는 그대로 받아들이기도 어렵다. 사랑을 하고 싶어도 '난 사랑할 자격도, 자신도 없어'라고 포기한다. 그래서 이 내담자처럼 누군가의 사랑이 와도 '난 너무 형편없는 사람이라 사랑을 받을 자격이 없어'라며 숨어버리기도 한다. 또 상대방이 나에 비해 너무 좋은 사람이라는 판단이 들면 그 사람을 더 좋아하게 되는 게 아니라 도망갈 준비를 한다. '내 본모습을 알게 되면 저 사람은 날 무시하고 싫어하게 될 거야'라고 확신하기 때문이다. 그런 생각은 계속해서 자신을 찌르는 무기가 된다. 스스로를 다치게 하고 있는 것도 모르고 그저 타인으로부터 상처받을까 봐 불안에 떠는 사람들이 많다. 이런 상황이 계속된다면 미래에 타인이 줄 상처보다 현재 자기 자신에게 더 큰 상처를 주고 있다는 사실에 점점 무뎌지게 된다. 상처받을 게 두려워서 스스로에게 끊임없이 상처를 주고 있는데도 그것을 알지 못하는 것이다. '난 사랑받을 자격이 없어'라는 생각보다 자신에게 더 큰 상처를 주는 것은 없다.

흔히 말하는 스펙이 낮아도, 외모가 조금 마음에 안 들어도 자존감은 그런 외부적인 조건과 상관없이 높을 수 있고 높아야 한다. 당신은 타인에게도 사랑받아야 하지만 그 누구보다 당신 스스로에게 사랑받아야 한다. 그것을 인정한다면 당신의 자존감은 정상 수준으로 올라온 것이다. 내가 자존감이 높은 사람인지, 그렇지 않은 사람인지 판단이 서지 않는다면 꼭 이 말을 기억하길 바란다.

'현재의 나'는 과거로부터 떠내려 온 수많은 생각과 감정과 가치관과 자기인식의 결과로 이루어진다. 건강한 내면에서 나오는 생각들 중에는 '나는 그래도 꽤 괜찮은 사람이야', '단점도 많지만 나는 나로서 괜찮아', '나는 나로 살아 갈 거야' 하는 것들이 있다.

그러나 반대로, '나는 너무 못났어', '나는 내가 너무 싫어', '나라는 존재는 혐오스러워. 없는 게 나아'라는 생각이 지배적이라면 과거의 기억을 되돌아보고 어디서부터 내가 스스로를 그렇게 생각하게 되었는지 찾아내야 한다.

어린 시절 상처가
삶에 끼치는 영향

"당신이 상처를 잊어도, 상처는 당신을 잊지 않는다"는 말이 있다. 그 말처럼, 당신은 과거의 상처와 고통을 잊었을지라도 (혹은 잊었다고 착각하면서) 끊임없이 그 과거에 꽁꽁 묶여 살고 있을지도 모른다.

최근 '정인이 사건' 등 끔찍한 아동학대가 연이어 뉴스에 보도되며 수많은 사람들의 마음을 아프게 했다. 만약 과거의 어느 시점에서 부모로부터 크고 작은 학대의 경험이 있다면, 그 잘못은 전적으로 부모에게 있음에도 불구하고 아이는 '이렇게 혼나고 맞는 건 내 잘못 때문이야'라는 왜곡된 믿음을 갖게 된다. 그런 믿음과 생각이 고착되면 아이는 부모가 때리려고 손을 뻗어도 도망갈 생각을 하지 못한다. 심리적, 육체적으로 무기력해지는 것이다.

그래서 학대당한 피해자는 성인이 된 이후에도 자신을 끊임없이 책망하며 '못난 인간'이라고 스스로를 자책한다. 그런 자책은 자아와 인식이 성장하면서 자신도 모르게 굳어진다. 여기에는 '날 학대한 아빠가, 엄마가 문제고 잘못이야'라는 생각보다 '내가 문제여서 그래' 라는 생각이 불안을 훨씬 덜어준다고 착각하는 심리가 작용한다.

몇 년 전, 열여섯 살의 앳된 소녀가 웃음기 없는 슬픈 표정으로 내 앞에 말없이 고개를 숙이고 앉아 있었다. 뭘 물어봐도 대답도 없이 한참 그대로 앉아 있다가 불쑥 한마디 내뱉었다.

"저는 사랑받을 자격이 없어요…"

이 한마디는 소녀의 아픔과 열등감, 심한 우울증의 핵심적인 주제였다. 언제부터 이 생각이 소녀의 마음을 지배하고 있었을까. 소녀는 어린 시절 자아존중감(자존감)을 높이고 강화할 만한 환경에서 성장하지 못했다. 전쟁터 같은 환경과 학대와 비난 속에서 자랐기 때문이다. 그래서 스스로를 존중할 수 없었고 누군가 자신을 칭찬하고 인정해 주는 상황에서도 심하게 저항했다. 더 나아가 무의식적으로 어느 누구에게도 사랑받을 가치나 자격이 없는 사람으로 자신을 낙인찍었다.

학대는 소녀의 존엄을 해치는 범죄이자 소녀에겐 치명적인 부정적 경험이었다. 이 부정적이고 비합리적인 신념은 소녀의 상처와 고뇌를 깊어가게 했고, 좌절하게 했고, 슬픔과 외로움을 병적으로 깊어지게 했다. 아무도 나를 사랑하지 않을 거라는 생각은 내가 나 자신을 사랑하지도 못하게 만들었다. 나 자신을 스스로 존중하지 않으니 타인의 목소리는 모두 비난의 목소리로 들렸다. 심지어 칭찬하는 말조차 빈정거리고 비난하는 것으로 들리곤 했다.

이처럼 마음의 병이 깊은 사람은 자신감이 넘치는 사람들을 볼 때마다 부러움과 시기심을 느낀다. 그렇게 더 심리적 병이 심해지면 '내가 왜 사랑받아야 하는지, 왜 행복해져야 하는지' 알지 못하는 지점에 이르기도 한다.

태어나자마자 스스로를 '못난 사람, 가치 없는 사람'으로 생각하는 사람은 없다. 부모와 가족은 태어나서 최초로 관계를 맺는 가장 중요한 존재이고, 그때 어떤 경험을 했느냐가 건강한 애착과 높은 자존감 유무를 결정한다고 해도 과언이 아니다.

그러나 여전히 많은 부모들은 자신이 저지른 학대, 잘못된 훈

육과 언행이 어떤 결과를 낳는지 인지하지 못하고 있다. 자신은 학대하지 않았다고 생각한다. 종종 드라마나 영화에서 볼 수 있는 엄청난 폭력을 행사하는 것만이 학대가 아니다. 아이의 존재를 부정하는 말이나 형제 또는 아이의 친구와 비교하는 말, '너 때문에 못 살겠다', '괜히 널 낳았다'는 말 등은 아이의 자존감에 치명적으로 작용해 성인이 되어서도 잊을 수 없는 무의식적 상처를 남긴다.

이렇게 생긴 상처와 죄책감은 어른이 되어서도 그대로 남아 자신을 못난 사람으로 인식하게 하고 진짜 자신의 모습을 모른 채 살아가게 만든다. '나는 처음부터 잘못된 인간이야. 태어나지 말았어야 했어'라고 각인된 자아인식은 고치기 힘든 자의식에 자리를 잡아 끊임없이 스스로에게 상처를 주고 자존감을 갉아먹게 한다. '거짓 자신'을 '진짜 자신'으로 착각해 스스로를 혐오하게 되는 것이다.

당신이 상처를 잊어도, 상처는 당신을 잊지 않는다

다른 사람과의 관계에 어려움을 겪어온 한 내담자는 상담실에 들어와 이렇게 말하고는 했다.

"저는 좋은 남자를 만나는 것이 겁나요. 일단, 나보다 나은 남자가 나를 좋아할 리 없다는 생각이 들고요. 만약 결혼이라도 하면 제가 얼마나 형편없는 여자인지 들킬 것 같아서요. 그럼 전 버림받게 되겠죠."

그녀는 가난한 유년시절 부모님으로부터 방치되어 자랐고 스스로를 아무 쓸모없는 사람, 태어나지 말았어야 하는 사람이라는 인식을 갖고 있었다. 그런 이유로 아무리 좋은 남자가 다가와도 그를 외면하고 거절했다. 다른 인간관계에서도 마찬가지였다. 자신의 못난 모습을 들킨 것 같은 느낌이 들면 바로 그 사람과의 관계를 끊어버리곤 했던 것이다.

꼭 물리적인 폭력이 있어야만 학대인 건 아니다. 위 내담자의 경우처럼 아이를 방치한 채 정신적으로 충분한 안정감과 사랑을 주지 않는 것도 엄연한 학대 행위이다. 나는 상담 기간 동안 그녀가 (부모의 방치와는 상관없이) 세상에 꼭 필요한 존재이며 그 자체로 사랑스러운 가치와 의미를 지니고 있다고 말해 주었다. 타인과 단절된 관계를 회복하기 위해서 그녀는 먼저 자기 자신과 건강한 관계를 맺어야 했고 그녀는 스스로를 귀한 존재로, 즉 자신을 올바르게 대하기 시작했다. 자신의 감정을 세심히 살피고 불안하거나 우울해지면 소소하게 집을 꾸미거나 음악을 듣는 등 적극적으로 그 기분을 달래주었다. 그렇게 스스로를 안심시키는

Chapter 1. 나는 나를 사랑할 수 있을까

방법을 배워나갔고 누군가에게 상처를 받아도 자기 자신을 버리지 않는 한 괜찮다는 믿음을 갖게 되었다.

약간 다른 이야기지만 누가 봐도 젊고 예쁘고 똑똑한 여성 내담자들 중에 자존감이 낮은 사람이 많다는 사실에 새삼 놀라게 된다. 사회에서 겉으로는 전혀 그런 티가 나지 않지만 정말 많은 여성들이 내면의 열등감으로 인한 낮은 자존감과 씨름하고 있다. 좋은 직업을 갖기 위해 거의 완벽한 스펙을 쌓아야 하고 이제는 '높은 자존감'까지 요구하는 사회의 기준에 맞추려다 보니 끊임없이 타인과 자신을 비교하게 돼 괴로움의 굴레에 갇히는 것 같다. 모자란 구석이 별로 없는데도 맹목적인 수준으로 자신을 모자라고 부족한 사람으로 밀어붙이는 청년들을 보면 정말 가슴이 아프고 안타깝다.

"결코 네 잘못이 아니야"

봄이 와도 여전히 마음은 겨울 추위에 갇힌 사람들이 있다. 마음이 무너져 내린 사람들은 봄이 오고 여름이 와도 비현실적인 추위에 떨게 된다. 그들은 자신들의 상처 입은 마음을 상담실에서 이렇게 털어놓았다.

"우리 엄마는 내가 행복해 지는 게 싫은 사람이에요. 내가 항상 불행하고 주눅 들어 있고 슬퍼 보이는 걸 좋아해요. 전 분명히 알아요. 이건 정말 부정하고 싶은 진실이에요. 그래서 항상 생각했어요. 나는 행복해질 수 없는 사람이라고…"

"우리 아버지는 내가 불행하길 원하셨어요. 제가 잘못되길 바라는 사람처럼… 제가 조금이라도 기분이 좋아 보이면 소리를 지르고 매를 드셨어요. 하루는 동생이랑 마당에서 즐겁게 뛰어놀고 있었는데 갑자기 빗자루를 들고 와서 사정없이 때리고는 당장 나가라고 소리를 질렀어요. 나중에 알고 보니 그날 안 좋은 일이 있었던 것 같아요. 그 뒤에도 내가 우울한 표정으로 있을 땐 혼내지 않았고 좀 밝은 표정을 짓거나 행복할 때마다 여지없이 불행한 느낌을 갖게 만들었어요. 그래서 그런지 어릴 때부터 저는 저 자신이 항상 불행한 사람이라고 생각했고 또 그래야 한다고 믿었어요."

세상에 자식이 고통 받고 불행해지기를 바라는 부모는 없을 것이다. 다만 그 부모 역시 그들의 부모에게 받은 상처로 자기 자신을 바라보는 거울이 왜곡되어 자녀에게도 그 왜곡된 자아상을 물려준 것이다.

어릴 때 인간으로서의 존엄성을 훼손당한 사람들은 자신이 얼마나 귀한 존재인지 깨닫지 못한다. 당신의 잘못이 아니라고 누군가 곁에서 계속 말해줘도 그 사실을 거부하고 부정한다. 자신의 아름다움을 볼 수 없을 만큼 추위에 오래 웅크린 탓이다.

스스로 자신의 존재를 형편없게 취급하고 불행을 당연한 것으로 받아들여야만 살 수 있었던 그 수많은 나날들 속에서 그들은 왜곡된 언어들을 자신의 영혼에 주입하며 살아왔다. 봄이 와도 봄을 부정하는 마음처럼 왜곡된 생각과 마음은 자신의 존재를 부정하고 자신이 결코 행복한 사람이 될 수 없을 것이라는 생각 속에 자신의 존재를 가두어 놓게 된다.

이런 왜곡된 자아의 이미지는 심각한 우울증이나 강박증, 성격장애로 이어지기도 한다. 혹은 일상생활에서 타인에 대한 불신감이 높은 사람이 될 수도 있다.

영화 〈굿 윌 헌팅〉의 주인공 윌은 수학, 법학 등에서 천재적인 재능을 갖고 있는 뛰어난 청년이다. 하지만 어린 시절 겪은 극심한 아동학대로 오랜 시간을 방황하며 무기력한 청소부로 일해왔다. 여기서 윌이 자기 자신을 대하는 생각과 태도를 알 수 있다. 그는 스스로 머리가 뛰어나다는 것을 알고 있지만 그마저 형편없는 취급을 하며 투명인간에 가까운 청소부로 자신의 정체성을 정해버렸다.

그곳에서 우연히 그의 천재성을 알아 본 MIT 수학과 교수의 도움을 받아 재능을 펼칠 수 있게 됐지만 윌은 아무에게도 마음을 열지 않은 채 모든 걸 냉소적으로 바라본다. 자신을 알아봐 준 교수는 물론 심리학 교수 숀에게도 무례하게 대하며 일부러 못된 말로 상처를 입힌다.

윌은 숀이 직접 그린 그림 한 장에서 그가 겪은 깊은 상처와 현재 심리 상태를 한 눈에 간파하고 그를 잔인하게 조롱한다. 숀은 잠시 격분했지만 자신이 그랬듯 상처로 얼어붙어 자신을 제대로 보지 못하는 윌을 받아주고 끝내 그의 상처에 진심으로 공감한다. 그의 진심어린 한 마디는 윌의 차가운 마음을 끝내 녹이게 된다.

"네 잘못이 아니야! It's not your fault!"

이 말은 '지금 네가 이렇게 아픈 건 네 잘못이 아니야. 그러니 그만 죄책감을 느껴도 돼'라는 크고 강렬한 위로의 메시지로, 우리가 매일 거울을 보며 스스로에게 해주어야 할 말이다.

심리상담치료 기법 중 하나인 '지금-여기(here and now)'＊ 치유기법에 따르면, 현재 나의 모습은 과거로부터 떠내려 온 미해결된 문제들 때문에 형성된 것이다. 계속해서 '거짓 자아'에서 벗어나지 못하면 평생 고단하게 살게 된다. 기쁘고 행복한 삶은 환

＊　상담자가 내담자의 모든 문제를 현재로 가져와 다루는 상담법.

경이 변할 때 마법처럼 생겨나는 것이 아니다. 과거로부터 벗어나 진짜 나를 찾는 순간부터 시작되는 것이다.

나의 마음을 스스로 알아주고, 내가 나를 안아주고 받아주는 것에서부터 치유는 시작된다. 지금까지 상처투성이로 살아왔어도 괜찮다. 지금, 이 순간, 여기에서부터 다시 시작하면 된다. 너무 멀리 왔다고 생각할 필요도 없다. 일찍 성공을 거뒀더라도 일찍 죽을 수도 있고 늦게 꿈을 이루었어도 오래 살면서 기뻐할 수도 있다. 남들과 비교하지 말아야 한다. 나는 나다! 누구도 나 대신이 될 수 없다.

나는 자의식이 발달하기 시작하는 사춘기 시절에 나 자신이 너무 싫었다. 살아서 숨 쉬는 것이 수치였다. 나 자신을 살아야 할 가치가 없는 존재로 깊이 인식하게 되자 스스로 가해하기 시작했다. 마침내 나 자신을 살해하려고까지 했었다. 그때의 나는 열등감으로 뭉쳐진 작은 괴물이었다.

나처럼 스스로를 죽이려고 하고 또 그 슬픈 결단을 성공한 사람들이 너무도 많다. 나는 사실 진심으로 죽음을 원한 것은 아니었다. 누군가 나를 알아봐주길 기대했던 것 같다. 내 슬픔과 외로움을, 내가 말하지 않아도 저절로 이해하고 공감해주는 사람을 찾았던 것 같다.

심리상담을 받는 것, 친구에게 털어놓는 것, 신뢰하는 선배에게 자신의 치부를 내뱉는 것, 그 모든 행위가 자신을 살리는 중요한 행동이라는 것을 기억하길 바란다. 하지만 반드시 신중해야 한다. 나는 비밀을 지켜줄 거라고 생각했던 사람에게 뒤통수를 맞은 기억이 있다. 지금은 기억도 나지 않는 그때의 내 비밀은 너무나 크고 엄중해서 절대 누설되어서는 안 됐지만 친구가 다른 친구에게, 그 친구가 또 다른 친구에게 옮기고… 결국 반 전체가 다 아는 참극이 벌어졌었다. 그래서 친한 사람이라고 모든 이야기를 하는 것보다 오히려 비밀보장이 되는 상담센터를 찾는 게 좋을 수도 있다.

열등감에 고통스러워하던 나는 어느 순간 살아야겠다는 생각에 나 자신을 끊임없이 오픈하기 시작했다. 너무 많은 수치심과 열등감이 깊은 무의식에 쌓여있어 몇 년이 지나도록 '내 목소리'는 끝날 줄 몰랐다.

내 이야기를 들어주었던 심리상담전문가도 내 이야기를 100퍼센트 공감하지 못했다는 것을 깨닫기도 했었다. 전문가조차 나를 이해하지 못하다니, 이것은 더 큰 절망을 가져왔다. 그러나 나는 포기하지 않았다.

나와 성격이 달랐던 친한 친구에게도 수없이 이야기 했지만 그 친구도 나를 다 이해하지 못했고 내 이야기는 비밀의 껍질을 깨고 이 친구에게서 저 친구에게로 날아 다녔다. 비밀을 지켜주지 않았던 그 친구를 버리자 나는 더욱더 고립되고 죽고 싶었었다. 그래도 나는 끝없이 수치심을 무릅쓰고 나 자신을 오픈하고 또 오픈했다.

반복적으로 자기노출을 하자 죽도록 수치스럽던 감정이 순화되면서 모든 사람들 마음에 수치심이 있다는 것을 알아차렸다. 그러자 나는 더 이상 다른 사람을 병적으로 선망하거나 부러워하지 않게 되었다. 더러 부러움이 올라와도 나 자신을 업그레이드 하는 동력이 되었다. 지금도 나는 결코 사라지지 않는 열등감과 더불어 살고 있다. 그러나 이 열등감은 언제나 나를 성장시켜왔다. 그리고 행복해졌다.

자존감을 키우라는
무책임한 말

"넌 왜 그렇게 열등감이 높아? 자존감을 좀 키워!"

사람들은 말을 할 때 열등감과 자존감이라는 단어를 동시에 잘 사용하면서도 그 두 가지를 동떨어진 개념으로 착각하곤 한다. 열등감은 깊고 그늘진 곳에 자리한 것이고, 자존감은 열등감과 완전히 다른 곳에서 빛나는 어떤 것으로 인식하는 것이다.

앞서 자존감과 열등감의 관계를 동전에 비유했다. 자존감과 열등감은 시소 위에 올려져 있다. 왼쪽에 있는 열등감이 내려가면 오른쪽에 있는 자존감은 무조건 올라간다. 열등감이 내려가면 내려갈수록 자존감은 저절로 높아질 수밖에 없다. 자존감이 열등감을 낮추면 자연스럽게 오르는 선물 즉, 보상 같은 개념이라면 열등감은 당신을 훨씬 깊숙이 꿰뚫고 있다.

열등감은 단지 일상 속에서 흔히 일어나는 기분 나쁜 감정 중 하나가 아니다. 오히려 당신의 근원에 더 가까운 위기이자 기회다. 깊은 열등감을 느끼는 부분을 해결하면 그것이 곧 자존감의 토대가 되기 때문이다. 그렇다면 내 안에 있는 열등감을 어떻게 끄집어낼 수 있을까?

'무의식적으로', '나도 모르게' 행동하고 생각하는 것을 '의식의 차원'으로 끌어올려 인식하기 시작해야 한다. 자신도 모르게 자신을 멍청하다고 생각하거나 비하하고 있지 않는지 의식해야 한다. 그래야 조금씩 열등감을 인지하고, 해결하기 위해 노력하며 진정한 자신을 찾게 된다.

어린 시절 상처받았던 불쌍한 나를 지금의 내가 안아주고 위로해줄 수 있다. 그럴 수밖에 없었다고 알아주면 된다. 그리고 그 자리에 멈춰있지 말고 성장하고 성숙하면 된다. 그리하여 이 세상에 존재하게 된 위대한 자신의 역사를 기쁘게 받아들이고 더 존귀하게 생각해야 한다.

나는 가끔 눈물을 흘리며 며칠, 혹은 몇 주 묵은 생채기 난 마음의 아픔을 눈물로 씻어낼 때가 있다. 그렇게 울고 나면 마음속에 끼어있던 미세먼지 같은 상처와 통증이 시원하게 씻기는 것을 경험하곤 한다. 나에게는 눈물을 흘리는 게 치유의 한 방법인 것이다.

누구에게나 자신의 마음을 돌볼 시간이 '지속적으로' 필요하다. 그래야 과거에서 생겨나 이제껏 떠내려 온 상처와 생채기가 마음에 돌덩이처럼 굳어지지 않기 때문이다.

자기 잘못이 아닌 것을 자신의 탓으로 돌리며 사는 동안 우리의 상한 마음은 더욱 더 삶의 방향을 잡지 못한 채 방황하게 된다. 이제라도 상처를 인식하고 올바르게 풀어내서 누군가 내 마음 속 깊은 곳에 잘못 못 박아둔 메시지를 빼내야 한다. 그래야 비로소 자신이 어떤 사람인지 스스로 알게 될 것이다. 얼마나 소중하고 귀하며 아름다운 사람인지 볼 수 있을 것이다. 비록 그러한 노력이 한 순간에 일어날 수 없더라도, 서서히 자신을 기다려 주면서 노력하면 분명 당신은 더 행복한 사람으로 성장할 수 있을 것이다.

스스로에게 위로와 힘, 용기를 줄 수 있는 TIP

- 자신을 어떻게 생각하고 판단하고 있는지 먼저 적어본다.
- 비난, 자책 등 스스로를 부정적으로 평가하고 있다면 과거의 어떤 계기로 그러한 인식을 갖게 되었는지 생각해 보고 적어본다.
- 어린 나의 모습을 떠올리며 그 어린 아이에게 전할 편지를 적어본다.
- 어린 나에게 적은 편지를 현재의 내게도 적용해본다.
- 어린 시절 상처받았던 나를 불쌍하게 여기고 현재의 내가 안아주고 위로해주며 그때는 그럴 수밖에 없었다고 스스로를 알아준다.
- 그 자리에 멈춰있던 지난날을 기억하고 앞으로 나아갈 준비를 한다.
- 자기 자신을 존귀하고 하나뿐인 유일한 존재로 인식하고 감사한다.

Chapter 1. 나는 나를 사랑할 수 있을까

열등감이 빚어내는
나르시시즘과 자기혐오

　열등감이 심한 사람은 나르시시즘과 자기혐오라는 덫에 깊이 빠져 자신의 영혼을 갉아먹는다. 어떻게 열등감이 자신에 대한 애정이 넘쳐나는 나르시시즘과, 자신을 끔찍하게 증오하는 자기혐오라는 정반대의 병을 유발할 수 있을까?

　먼저 나르시시즘에 대해 생각해보면, 자신은 완벽하고 뛰어나다고 생각하는 것은 무조건 좋은 것일까? 자기 자신을 완벽하고 우월한 존재로 생각하면서도 실제로는 극심한 자기혐오에 빠져있는 사람이 있다. 그런 사람들의 열등감이 발동하면 그 누구보다 무시무시한 괴물의 모습을 드러낼 수 있다. 다른 모든 사람들보다 자신이 제일 잘났다고 생각하고 항상 자기 위주로만 생각하고 판단한다면 그것은 나르시시즘이다. 전문 용어로는 그런 사람을 '자기애성 성격장애'*라고 말한다.

포괄적으로 말하면, 모든 성격장애는 사랑의 결핍이나 부재에서 온다. 너무 사랑받지 못해서 그 결핍의 고통을 잊으려고 오히려 자기 자신을 이상화하고 비현실적으로 부풀려서 완벽하다고 생각하게 되는 병이 자기애성 성격장애이다. 이런 사람은 주위 모든 사람들이 자신을 숭배하길 바란다.

반면 자신이 너무 못났다고 자책하며 자기 자신을 혐오하는 사람도 있다. 어떤 의미에서 병적인 자기애나 자기혐오는 같은 선상에 있다고 볼 수 있다. 전혀 다르게 보이지만 아주 가깝게 붙어있다. 둘 다 자신과 주위 사람들을 괴롭힌다는 공통점이 있기 때문이다.

자신을 사랑하면서도 혐오하는 이중성

나르시시즘과 자기혐오 중 한 가지에만 속해있는 사람도 있

---

* 자신이 타인과 비교가 안 될 정도로 우월하다는 느낌 때문에 일상생활에 적응을 못하는 성격장애. 자신에 대한 과장된 평가와 인정을 받고 싶은 욕구가 큰 사람이 다른 삶에 대한 공감의 결여를 특징으로 하는 인격장애이다.

지만, 자기혐오라는 감정 이면에 자기애가 얽혀 있는 사람도 있다. 자기혐오감으로 뭉쳐 항상 자신을 비난하고 못마땅해하고 수치스러워하지만, 막상 누군가가 자신을 무시하는 태도를 보이면 그를 향해 무서운 분노감이 생기는 모습을 종종 보게 되는데, 바로 이 경우를 뜻한다. 자기 자신을 혐오하고 싫어한다면 타인이 자신을 무시해도 받아들여야 할 텐데 그렇지 않은 것이다. 그 것은 복잡한 자기애성 감정이 타인의 비난에 큰 상처를 받아 분노로 표출되기 때문이다.

이처럼 병적 자기애는 비정상적으로 낮은 자존감과 밀접한 연관성을 가지고 독버섯처럼 마음 깊은 곳에 번져가게 되는데, 증상이 더 심각해지면 세상의 모든 사람이 자신을 사랑하고 인정해야 한다는 비합리적인 생각으로 커져가게 된다.

비현실적이며 비상식적인 자기애가 얼마나 많은 사람들에게 피해를 입히고 고통을 받게 하는지 우리는 경험하고 있다. 이 무서운 나르시시즘은 타인을 짓밟고 이용하고 고통을 주어도 자신은 그럴만한 자격이 있다고 생각하는 흔히 '공주병', '왕자병'이라고 하는 질병이다. 자신 외의 모든 사람들은 자신을 위해 존재해야 하는 것이다. 이런 사고가 뿌리 깊은 상사나 사장이나 리더들이 흔히 갑질을 한다. 자신을 왕이라고 생각하기 때문에 그 외의 모든 사람은 하등하고 함부로 다루어도 되는 존재들이라고 생각하기 때문이다.

타인에게도 상처를 주는 자기혐오

자기애보다 더 무서운 것은 자기혐오이다. 열등감은 기본적으로 자기 자신을 싫어하게 만드는 감정이다. 자신에게는 아무런 좋은 것이 없으며 따라서 그런 자신이 싫어지는 것이다. 자신이 싫어질수록 그런 자신을 없애 버리고 싶은 심리도 강하게 작용한다. 우울증, 자살충동 등이 생기게 되는 것이다. 이처럼 스스로를 싫어하는 것 자체도 큰 문제지만 자기혐오라는 감정이 쌓이면 자신뿐 아니라 '타인에 대한 혐오감'도 높아진다.

'저 사람은 왜 저렇게 꼴 보기가 싫지? 얼굴만 보는 것도 짜증나 죽겠어.'

만약 어떤 사람이 내게 딱히 잘못한 것도 없는데 혐오감 수준으로 싫다면 그의 어떤 모습에서 나를 발견했기 때문인지도 모른다. 나도 모르게 그에게 내 못난 모습을 투영해 (그가 정말로 나와 닮았든, 닮지 않았든) 나에 대한 혐오감만큼 그를 혐오하게 된 것이다.

이처럼 자기혐오는 자신과 타인을 동시에 증오하며 끊임없이 자신을 갉아먹고 소진시키는 병적인 감정이다. 자기혐오에 깊이 빠져있는 사람은 타인이 조금이라도 자신을 무시하는 것처럼 보이면 견딜 수 없어 한다. 남에게 그렇게 무시당한 자기 자신을 죽도록 질책하고 미워하고 혐오한다. 어디 한군데도 사랑할 만한 구석이 없는 자신을 보면서 절망하고 또 절망한다. 그 절망은 다시 자신과 타인에 대한 분노로 이어지게 된다.

단순히 어떤 순간에 타인에 대한 열등감을 느끼는 것 자체는 문제가 되지 않는다. 오히려 살면서 단 한 번도 열등감을 느끼지 않는 사람이 있다면 그가 비정상일 것이다. 문제는 그 열등감이 병적인 수준으로 깊어져 자신의 본모습을 제대로 보지 못하는 것이다. 그렇게 되면 당연히 자존감도 낮아지게 된다.

건강한 마음의 상태와 건강한 자존감은 비정상적으로 부풀려진 자기애가 아닌, 정확한 자기 인식에서 비롯되고 그것을 스스로 인정하는 것이다. **완벽하지 않아도, 모든 사람에게 사랑받을 수 없어도 괜찮다고 받아들이는 것이다.**

자기를 혐오하는 것은 겸손의 태도와는 전혀 다르다. 자신을 혐오하는데 타인을 사랑하고 존중할 수는 없다. 자신을 지금 있는 그대로 받아들이고 사랑해줄 때 타인을 향해서도 건강한 사랑을 할 수 있게 된다.

나이가 많이 든 사람들 중에 의외로 병적 자기애에 빠져 있는 사람들이 많은 것을 보게 된다. 오랜 세월 힘겨운 삶을 살아오느라 병적 상태가 된 줄도 모르고 자기애가 점점 더 강화되었을 것이다. 자신만이 옳다는 극단적 이기주의가 온 몸에 배어 있다. 아집과 편견과 고집불통의 심리상태가 되어 있다는 사실을 스스로는 결코 알지 못하며 인정하지도 않는다.

다른 사람보다 좀 못하다고 느껴지더라도 괜찮다. 그렇게 비교하는 기준조차도 온전한 것이 아니며 반드시 옳은 것도 아니다. 부족하고 못난 자신의 한 부분을 받아들여야 자신의 좋은 면도 비로소 보인다. 너무 혐오하고 싫어하다가 비현실적인 자기애가 생겨서 우쭐거리게 되는 것이 더 큰 문제가 된다는 것을 알아야 한다.

부족해도, 완벽하지 않아도, 못난 부분이 아직 많더라도 괜찮다. 그런 내가 나 자신을 좋아해 주어야 한다. 나의 좋은 면과 부족한 면을 다 수용하고 통합해야 총체적인 인격의 성장을 이룰 수 있다.

자신을 부풀려서 보지 말고 정확히 봐야 한다. 심리적으로 병적인 상태에서 자신과 타인을 비교하면 언제나 스스로를 비참한 존재로밖에 볼 수 없다. 내 생김새가 어떠하든, 내 부모가 누구든, 내가 처한 환경이 어떻든지 간에 나는 나로서 존재한다. 나의 존재를 나로서 인정하고 존중하자. 나를 가장 존중하고 소중히 여겨할 첫 번째 사람은 바로 '나'라는 것을 반드시 기억하자.

자신을 혐오하고 미워하지만 말고 태어난 김에 '나답게' 그냥 살아보자. 조급해하지 말고 서두르지도 말고 나 자신을 깊이 들여다보고 온전히 스스로를 받아들이는 연습을 하자. 그래도 괜찮다고 나 자신에게 말해주자. 그렇게 과도한 자기애와 자기혐오의 함정에서 빠져나와 자유로워지자.

그러한 병적 상태에 자신을 오래 방치하면 그 상처 난 마음에서 고통과 절망이 자라고, 자기 존재에 대해서, 타인에 대해서, 직업에 대해서, 심지어 살아있다는 것에 대해서도 무의미함의 감정이 자라게 된다. 자기 자신이 무의미하다고 여겨질 때 허무감과 공허함이 마음 한가운데를 채운다.

내 존재가 무의미하게 느껴질 때

모든 것이 무의미하게 여겨질 때 스스로에게 던지는 질문이 있다.

'나는 왜 태어났을까? 나라는 존재는 아무 의미가 없는데 이렇게

사느니 그냥 죽는 게 낫지 않을까?'

아주 오래 전 내가 소녀였을 때 나도 이 무의미함의 늪에 빠져 있었다. 다른 사람과 나 자신을 끊임없이 비교하면서 '나는 못나고 존재 가치가 없으며 살아있을 이유가 없다'고 생각하며 괴로워했다.

그 늪에는 보이지 않는 괴물이 살고 있었다. 그 괴물은 나를 허무감의 늪으로 더욱 끌어내렸고 절망적으로 만들었다. 희망의 빛이 조금도 보이지 않도록 모든 것을 거두어갔다. 상처입어 상한 마음이 우울, 불안, 공황장애를 불러일으키게 되면 더욱 혼란스러운 자의식이 날카로운 칼이 되어 자기 자신을 찌르게 된다.

그 칼이 영혼을 찌르면 찢겨진 사이로 새빨간 고통의 피가 흐른다. 그리고 공허함이 차오른다. 불안은 커다란 돌덩이가 되어 등에 매달린다. 그 돌덩이는 점점 커져서 절대로 떨어지지 않는다. 공허함이 커질수록 탐욕과 마음의 굶주림은 영혼을 풍선처럼 터뜨릴 만큼 부풀어 오르고 무의미한 감정에 죽고 싶어진다.

밀란 쿤데라는 소설 《무의미의 축제》에서 무의미함에 대해 역설적으로 이렇게 말했다.

"하찮고 의미 없다는 것은 존재의 본질이에요. 언제 어디에서나 우리와 함께 있어요. 그걸 무의미라는 이름대로 부르려면 대체로 용기가 필요하죠. 하지만 단지 그것을 인정하는 것만이 문제가 아니고, 사랑해야 해요. 사랑하는 법을 배워야 해요. 여기, 이 공원에, 우리 앞에, 무의미는 절대적으로 아름답게 존재하고 있어요."

우리는 의미와 무의미를 너무 깊이 추구하지 않아도 된다. 우리의 존재 자체가 이미 '의미'를 갖기 때문이다. 때때로 자신의 존재가 무의미하다고 여겨지고 지상에서 자신의 존재가 사라졌으면, 차라리 태어나지 않았으면, 그런 생각이 들 때가 있다. 사고하는 인간은 언제나 부정적인 쪽의 생각이 더 확장된다. 그러나 이것만은 꼭 기억해야 한다.

"나의 존재는 언제나 의미가 있다. 내가 살아있는 동안 이 위대한 의미는 결코 사라지지 않는다."

나의 상담실을 찾아오는 대부분의 사람들은 타인과 자신을 비교하고 그러한 열등감, 자기혐오에 지쳐 "나는 무의미한 존재예요!"라며 절규한다. 아무 것도 하지 못한다 해도, 훌륭한 사람이 안 되어도, 당신은 존재 자체로 의미 있다.

가만히 눈을 감고 심호흡을 하면서 바람의 냄새를 맡거나 물, 흙의 향기를 맡아보길 바란다. 누군가에게는 무의미한 존재가 다른 누군가에게는 너무나 강렬한 의미를 지닌다. 당신이 모를지라도, 당신에게서 나오는 빛이 주변을 밝히고 있고 세상을 밝히고 있다. 그저 그 자리에 있는 것만으로도.

　의미 없음이 고통이 아니라는 사실을 잊지 말길 바란다. 자신의 존재가 그 자체만으로도 빛나고 있으며, 아름답고, 의미 있다는 사실을 꼭 기억하길 바란다. 상상하기 힘들 정도로 크나큰 우주 속에서, 작은 점 같은 지구 위에서, 더욱 더 작은 점 같은 내가 태어났다. 티끌보다 작은 존재인 나는 큰 의미를 추구하지 않아도 된다. 생명을 가진 그 자체가 의미이고 빛나는 존재이기 때문이다. 이 어마어마한 우주 속에 유영하는 지구가 있는 그대로 빛나고 있듯이 말이다. 다른 아무런 이유도 필요 없다. 당신은 그냥, 무조건 의미 있고 빛나는 존재이다.

과한 자기애와 자기혐오에 빠지지 않는 TIP

- 모든 사람들이 나를 사랑해야 하고 인정해야 직성이 풀리는지 체크해보자.
- 타인으로부터 조금이라도 비난, 비판의 말을 들으면 분노가 폭발하는지 체크해보자.
- 스스로의 장점과 단점을 부풀려서 생각하지 않는지 생각해보자.
- 단점에도 불구하고 스스로 충분히 가치 있고 의미 있는 존재라는 것을 마음 깊이 인식하고 여러 번 소리 내어 말해 본다.

지금 당신에게 필요한 건
자존감이다

자존감이 중요하다는 이야기는 이미 수없이 들었을 것이다. 자존감이 높아야 매사에 자신감이 있고 다른 사람의 눈치를 보지 않게 되고 휘둘리지 않는다는 것도 알고 있을 것이다.

마음이 건강하게 자란 사람은 자존감이 내면에 굳건히 자리 잡아 굳이 높이거나 회복하지 않아도 될 텐데 왜 누구는 자존감이 높고 어떤 사람은 낮은 자존감 때문에 고통스러워야 할까.

사람은 누구나 인정받고 싶은 욕구가 있다. 다른 사람을 통해서 나 자신이 괜찮은 사람이고 훌륭한 사람이라는 인정을 받고 싶어 한다. 물론 다른 사람에게도 인정받으면 더할 나위 없이 좋을 것이다.

그러나 더 중요한 것은 자기 자신으로부터 인정받아야 한다는 것이다. 내가 나를 어떻게 보고 있는가에 대한 주제는 내 일생을 두고 중요한 주제가 된다.

나를 인정하고 싶은 욕구, 자존감

자존감은 자기 자신을 훌륭하고 능력 있고 매력 있는 존재로 보고 싶은 욕구다. 그래서 자존감이 높은 사람은 스스로를 인정하고 타인의 평가에 신경 쓰지 않지만, 자존감이 낮은 사람은 자기 스스로가 낮은 평가를 하고 있기 때문에 다른 사람이 자신을 어떻게 보는지를 매우 중요하게 생각한다.

자존감이 높은 사람은 자신을 신뢰하기 때문에 매사에 긍정적이고 적극적이며 창의성도 높다. 또한 다른 사람을 존중하고 편하게 해주기 때문에 좋은 인간관계를 맺는다. 반면에 자존감이 낮은 사람은 열등감이 깊어 위축되어 있고, 우울증이나 편집증 등의 신경증에 걸리기 쉽다. 자존감이 낮은 사람은 무의식적으로 자신이나 타인을 괴롭게 한다.

그렇다면 자존감은 왜, 어떤 이유로 낮아지는 것일까? 또다시 어린 시절로 돌아갈 수밖에 없다는 사실에 슬픈 감정이 들지만 어쩔 수 없다. 이 책을 읽는 독자들도 이미 다 알고 있지만 기억하지는 않는 중요한 사실이기 때문이다.

어린 시절에 부모로부터 인정을 받지 못하고 거부당하거나 학대를 받게 되면 자존감이 낮은 상태로 자라게 된다. 부모는 자녀의 행복을 겉으로는 원하면서도 자신도 모르게 상처주고 자존감이 낮은 아이가 되게 만든다. 혹시 어린 아이였을 때 이런 소리를 들은 적이 있는가?

"너 바보냐? 멍청이야? 대체 누굴 닮아서 이래?"
"너 때문에 창피해 죽겠어, 정말!"

이러한 말을 지속적으로 들은 사람은 깊은 무의식에 '바보 같은 나', '창피한 존재인 나'를 새겨 넣고 자존감이 낮은 상태로 성인이 되었을 것이다. 또는 체벌을 정당화하는 문화 때문에 매를 많이 맞고 자라게 되면 자존감에 상처를 입어서 낮아지게 된다.

또 과도한 경쟁에서 패배해 절망감을 많이 경험하게 되었을 때도 자존감이 낮아진다. 자신이 무능력하다고 강하게 인식하게 되기 때문이다. 낮은 자존감은 대부분 인간관계와 환경에서 만들어진다.

자존감이 낮아지면 자신감이 없고 어떤 일을 잘 해내지 못하게 된다. 열등감과 우울증이나 편집증 등의 심리적 문제를 일으키거나 질투와 시기가 심해진다. 자존감이 낮은 사람은 무의식적으로 패배의식과 피해의식에 젖어있기 때문에 건강한 인간관계를 맺기 힘든 상태가 된다.

그렇다면 왜곡된 자존감을 어떻게 바꿀 수 있을까? 짧은 꽃샘추위가 지나가고 나면 화사하고 눈부신 봄날이 펼쳐지는 것이 너무나 당연한 진실이듯, 당신은 결코 행복할 수 없는 사람이 아니라 반드시 행복한 사람이 되고 말 것이라는 진실을 받아들이는 것, 그것이 자존감 회복을 위한 지름길이다.

어린 시절에 당신이 경험한 부정적인 정서와 고통스러운 환경이 당신의 생각을 일그러뜨린 것일 뿐, 그 일그러진 생각을 곧 추세우고 깊은 상처에 약을 발라 치유하고 나면 반드시 빛나는 자기 자신을 발견하게 될 것이다. 당신이 원래 얼마나 놀라운 자원들을 가졌는지 그로 인해 얼마나 행복한 사람인지, 얼마나 풍요로운 삶을 살 수 있는지 알게 될 것이다. 그러므로 열등감 속에 파묻혀 보이지도 않게 된 자존감을 지금, 찾아야 된다.

자존감 높은
사람들의 특징

자존감을 높이기 위해서는 많은 노력이 필요하다. 먼저 내면에 쌓인 자존감을 낮게 만들었던 메시지들을 치유해야 한다. 그리고 자신의 가치를 믿고 자신만의 재능을 알아차려야 한다. 다른 사람과 비교하며 자신의 가치를 끌어내리는 습관도 고쳐야 한다. 나와 너의 다름을 인정하고 남들과 꼭 같아져야 할 필요가 없음을 인식해야 한다. 나는 귀하고 존중받아야 하는 존재임을 믿어야 한다. 자기 자신을 신뢰하고 사랑해주어야 한다.

"이렇게 못 생겼는데 어떻게 나를 사랑한단 말이야?"라는 생각 대신에 "나는 개성 있고 멋진 사람이야. 사랑받을 이유가 충분해"라고 생각해야 한다.

외모가 예쁘고 멋있어지려는 마음보다 더 중요한 것은 자존감 높은 사람이 되는 것이다. 자존감 높은 사람은 외모와 상관없이 매력적이다. 외모가 아무리 예쁘거나 잘생겨도 자존감이 낮으면 스스로 그런 사실을 인정하지 않는다. 더 나은 누군가와 자신을 비교하기 때문에 열등감에서 벗어나기 어렵다.

자존감 높은 사람은 편견 없이 있는 그대로 상대방을 받아들이고 신뢰를 금방 쌓을 수 있다. 상대방을 이해하고 배려하고 관대하며 다른 사람들에게 어떻게 보일까 신경 쓰지 않는다. 실수를 해도 금방 인정하고 잘못을 사과하고 자존심을 내세우지 않는다. 또 혼자 있어도 '혼자 있는 것을 타인이 볼까 봐' 두려워하지 않는다. 다른 사람에게 의지하려 하지 않고 혼자서도 뭐든 잘해낸다. 반면에 자존감이 약한 사람은 타인에게 의지하고 집착하는 경향이 있다.

지금부터라도 자기 자신을 미워하지 말고 사랑해주고 예뻐해주어야 한다. 거울을 보면서 거울 속 자기 자신의 모습을 보고 웃어주고 칭찬해 주는 것도 좋다. 내가 원하는 것이 무엇인지 생각해보고 자신이 인생의 주인공임을 인식하고 적당한 운동을 하는 것도 도움이 된다.

자, 지금부터 이렇게 큰소리로 말하자.

"나는 소중한 존재다. 나는 나를 사랑한다. 나는 성공적으로 내 꿈을 이룰 것이다. 내게는 놀라운 잠재력이 있다. 나는 매력적인 사람이다. 나는 행복하게 살 것이다."

어떻게 하면 더 구체적으로 자존감을 높일 수 있을까? 자존감은 상처가 치유된 만큼 회복된다. 우리가 처음 세상에 아기로 왔을 때 우리 모두는 '놀라운 아이'였다. 너무나 사랑스럽고 모든 가능성을 다 갖고 있으며 자신도 타인도 행복하게 해 줄 수 있는 신비한 존재였다.

그러나 양육자에게 상처받고 내면에 쌓인 말들이 부정적일수록 그 놀라움과 신비로움은 파괴되어 갔다. 자라는 동안 자존감은 무너져 내리고 말았다. 그러므로 자존감을 회복시키려면 마음속 깊은 곳에 자리 잡은 부정적인 말을 뿌리 채 뽑아내야 한다. 부모가 자신도 모르게 아이에게 주입한 부정적 메시지는 상처와 함께 자리 잡아 자존감 낮은 어른을 만들었다. 그 상처받은 말들을 하나씩 치유하면 된다. 하나씩 치유하는 동안에 자존감은 회복되기 시작한다.

물론 오랫동안 자아상이 무너져 있었기 때문에 지금의 모습이 원래 자신의 모습인 줄 알 수도 있다. 행복하고 빛나는 모습은 낯설고 어색할 수 있다. 하지만 자존감이 높아질수록 자신의 건강한 모습을 받아들이게 된다.

상처받아 새겨진 가시 같은 말들을 하나씩 뽑아낼 때 잠깐씩 아플 것이다. 그러나 뽑지 않으면 상처가 곪아 더 큰 문제가 생긴다. 아프더라도 뽑아내야 진짜 자신과 만난다. 자존감 높은 고유의 자신을.

올해는 반드시, 꼭, 자존감을 높이자. 자존감 높은 자신을 간절히 원하고 받아들이고 노력하자. 그래서 행복해진 사람들이 웃는 모습을 언제 어디에서나 볼 수 있기를 간절히 바란다.

- 타인에게 인정받고 싶은 욕구가 무엇인지 생각나는 대로 적어본다.
- 어린 시절, 부모에게 들었던 상처가 된 말이 무엇인지 적어본다.
- 나에게 상처를 준 말이 객관적으로 타당하고 건설적인 비판이자 조언이었는지, 아니면 상대방의 분풀이로 인한 말이었는지 판단해 본다.
- 내면에 깊숙이 박혀 있는 부정적 인식을 끄집어내어 진정한 자아를 찾아본다.
- 누군가가 주입한 자신을 혐오하게 만든 말을 적어보고 빨간색 볼펜으로 가위표를 해가며 "이건 내가 아니야"라고 큰소리로 말한다.
- 나 자신은 결코 완벽할 수 없다는 것을 받아들인다.
- 완벽하지 않아도 된다는 자기수용을 지속적으로 한다.
- 자기수용의 노력이 깊은 깨달음으로 이어져 자신이 성장할 때까지 계속한다.

세상이 ─────────────
정한
아름다움에
움츠러들지
마라

외모 열등감

나는 왜 내 모습이
맘에 들지 않을까

주변 사람은 아무도 모르고, 심지어 지적당한 적도 없는데 혼자만 느끼는 외모 콤플렉스*로 전전긍긍하는 사람들이 있다. 예전에 내담자 중 쇄골 쪽에 사마귀가 있어서 한 여름에도 목을 최대한 가리는 옷을 입는 민정 씨가 있었다. 어느 날 우연히 민정 씨가 목 부분 옷깃을 매만지는 것을 본 직장 동료가 "어, 민정 씨

---

* 콤플렉스라는 개념을 정신분석병리학 용어로 처음 사용한 사람은 J.브로이어이다. 그 후 이 용어를 가장 강조한 사람은 C.G.융이다. 융에 의하면 누구나 콤플렉스를 품고 있으며 의식적인 경우와 무의식적인 경우가 있다고 말했다. 콤플렉스가 무의식화 되면 될수록 강력해져 병리적인 성격을 지니게 된다. 다중인격도 콤플렉스 작용에 의한 것으로 융은 보았다. '마음속의 응어리'라고도 정의하는데 콤플렉스가 열등감을 부추기기도 하고 열등감이 높아지면 콤플렉스가 더욱 다양해지기도 한다.

거기 사마귀 있네?"라고 별 의미 없는 질문을 던졌다. 그러자 민정 씨는 그동안 자신이 악착 같이 지켜낸 콤플렉스가 한 순간 그 사무실 안에 있는 모든 직원들에게 들킨 것 같아 극도의 수치심을 느꼈다. 물론 그 질문을 한 직장 동료는 왜 그렇게 민정 씨가 민감하게 반응하는지 알지 못했다.

또 다른 사례도 있다. 무역 회사에 다니는 희연 씨는 매주 월요일 회의 시간이 끔찍했다. 중년 남자 상사가 자신과 신입사원의 외모를 툭하면 비교했기 때문이었다.

"희연 씨는 회사 오래 다니더니 얼굴이 너무 찌들었어. 옆에 새로 온 경선 씨 좀 봐. 얼굴도 작고 옷도 화사하게 입잖아. 사무실 분위기가 확 사네."

그건 업무 회의에 불필요한 지적일 뿐만 아니라 한 사람의 인격을 깎아먹는 일임에도 희연 씨는 도무지 상사의 말에 반박할 용기가 나지 않았다. 그리고 자신과 비교해 훨씬 예쁜 신입사원이 업무적으로 뭔가를 물으면 자신도 모르게 신경질이 났다. 정작 잘못을 따져 물어야 할 상사에게는 입을 꾹 다문 채 애꿎은 신입사원만 미워하는 불합리한 상황이 계속 이어졌고, 그런 자신이 더더욱 밉고 혐오스러웠다.

경선 씨의 입장도 난처했다. 자신은 신입사원으로서 최대한 단정하게 옷차림을 하고 출근할 뿐이었고, 사수와 자신의 외모를 지적하며 비교하는 남자 상사의 말이 당황스럽기만 했다. '난 가만히 있었는데 왜 자꾸 내 얘기를 하는 거야, 불편하게!' 하는 분노와 억울한 마음도 커졌다. 때문에 경선 씨 역시 희연 씨와 마찬가지로 회의 때마다 외모 이야기가 나올까 봐 늘 가슴이 조마조마했다.

상사에게는 그저 별 생각 없는 무례한 농담이었겠지만, '못생겼다'는 말을 매주 직간접적으로 듣는 희연 씨에게는 그 자체로 엄청난 스트레스이자 번아웃이 되는 원인이 돼버렸다. 얼마 안 되는 월급으로 유행하는 옷도 사고 머리 스타일도 바꿔봤지만 그런다고 한 번 느낀 열등감이 눈 녹듯 사라지는 것은 아니었다. 오히려 상사가 속으로 '쟤는 저렇게 공들여 꾸며도 경선 씨 발끝도 못 따라가네. 참 애 쓴다'는 생각을 하는 것 같아 마음이 타 들어갔다. 외모로 놀림을 받았던 학창 시절의 일까지 떠올랐다.

"희연이 넌 뒷자리에 있어도 얼굴이 커서 잘 보인다, 얘."

담임 선생님의 그 한 마디에 그녀의 얼굴이 달아올랐다.

"얼굴 진짜 크긴 커."

"맞아."

뒤돌아보며 피식 거리던 같은 반 아이들의 눈빛도 잊을 수 없었다. 성인이 되고 직장에서까지 외모로 지적받는 자신이 이보다 더 초라하게 느껴진 적이 없을 지경이었다. 그래서 한 번은 또 외모 지적을 하는 상사에게 대응해보기도 했다.

"저, 차장님. 그런 말씀은 좀 불편한데요. 업무적인 이야기만 해주시면 안 될까요?"

그러자 상사는 약간 겸연쩍어 하더니 이렇게 답했다.

"희연 씨, 좀 예민하네. 경선 씨랑 비교돼서 그래?"

그 말에 열등감이 폭발한 희연 씨는 더는 아무 말도 못한 채 입을 꾹 다물었다.

가장 민감한
외모 열등감

대학생인 이수는 친구들과 같이 사진을 찍으면 반드시 모든 사진을 톡으로 전달 받아 일일이 앱으로 보정을 해야 직성이 풀렸다. 혹시나 누가 보정하기 전의 사진을 본인 SNS에 올리면 그 즉시 전화해 당장 사진을 내리라고 화를 냈다. 누군가 자신의 보정 전 사진을 본다는 생각만으로 끔찍했고 자신이 없었다. 한 번은 성형외과에 찾아가 보정된 자신의 얼굴을 보여주며 이렇게 성형해 줄 수 있냐는 상담을 받기도 했다. 이수는 보정된 사진이 자신의 진짜 얼굴이고, 그렇지 않은 것은 자신이 아닌 것처럼 철저히 부정했다.

"야, 네가 무슨 연예인이냐? 적당히 좀 해."

한 친구가 말하자 이수는 길길이 날뛰었다.

"내 얼굴인데 네가 무슨 상관이야! 앞으로 내 허락 없이 사진도 찍지 말고 함부로 네 인스타에 올리지도 마!"

친구들도 그런 이수를 점점 멀리하기 시작했다. 하지만 이수는 친구들과 화해할 생각이 없었다. 그저 모든 사진 속 자신이 완벽해야 한다는 생각뿐이었다. 그녀는 잠들기 전까지 자신의 인스타에 '너무 예뻐요', '속눈썹 길어서 부러워요', '립스틱 색깔 뭐예요? 나도 사고 싶다'라고 달린 댓글을 보며 흐뭇해했다. 하지만 '보정을 너무 많이 했네. 성괴 같다'라고 적힌 댓글은 바로 삭제하며 신경질을 냈다.

외모에 대한 이수의 열등감은 심각한 수준이었다. 하지만 다른 사람 눈에 조금만 더 예쁘게 비쳐진다면 다른 건 상관없었다. 나는 늘 예쁘고 완벽해야 하니까. 그 기준에 조금이라도 흠집이 나면 못 견딜 것 같았다.

이 외에도 일상에서 외모에 대한 열등감을 느끼는 사례는 너무나 많다. 어떤 사람은 조금만 먹어도 금방 살이 찌는 체질이 콤플렉스이고, 또 어떤 사람은 코가 낮아서, 키가 작아서, 발이 너무 커서, 반대로 발이 너무 작아서, 손이 너무 울퉁불퉁해서, 눈이 작아서, 목소리가 이상해서, 피부가 까매서, 너무 말라서, 얼굴이 너무 커서 등 외모에 대한 열등감은 일일이 나열할 수 없을 정도로 너무 많다.

누가 나의 아름다움을
결정짓는가

사람마다 스스로 외모에 대해 '완벽하다'고 생각하는 기준이 있는데, 거기에 조금이라도 부합하지 못한 신체 부위가 있다면, 심지어 그 부분을 다른 사람이 지적까지 한다면 누구든 열등감이 생길 수 있다. 그러면 외모에 대한 자존감도 함께 낮아지게 된다. 타인의 시선과 말에 나 스스로 못난 구석을 만들고 자존감을 깎아먹어서는 안 된다. 이 문제를 해결하기 위해서는 이 열등감이 내 생각과 감정 때문에 생긴 것인지, 아니면 타인에 의해 만들어진 열등감인지 구분하는 것이 중요하다.

나 스스로 만든 열등감이라면 왜, 어디서부터 비롯된 것인지 내면을 깊이 탐색해 봐야 한다. 누군가 내 외모를 지적하며 상처를 주었는지, 그게 정당한 지적이었는지 냉철히 분석하면 그것이 거짓 열등감이라는 것을 깨닫게 될 것이다.

만약 평소에 콤플렉스라고 생각하지 않았는데, 어느 날 우연히 친구나 선생님, 직장 동료의 말 한 마디로 인해 생긴 열등감이 있다면 더더욱 그 거짓 열등감을 버려야 한다. 내 존재의 존엄함과 자존감을 그들 손에 쥐어준 채 (그들이 내게 준) 열등감에 사로잡혀 전전긍긍할 필요가 전혀 없기 때문이다. 그렇게 살기에 당신의 인생은 너무나 짧고 소중하다.

어린 시절 누군가 던진 나를 향한 한 마디는 너무나 울림이 크다. 그 울림은 우리의 크나큰 무의식을 장악한다. 그리고 평생을 지배한다. 그 울림이 부정적으로 계속 흐를 때 자존감은 늘 바닥을 치고 열등감은 영혼을 가득 채운다.

거기에서 벗어나야 한다. 외모 열등감에서 벗어나기 위한 방법은 다양하다. 객관적으로는 아무런 문제가 없는데 타인의 비교하는 말 때문에 생긴 콤플렉스라면 그 거짓된 말을 내게서 지우면 된다. 매일 아침마다 거울을 보며 스스로의 아름다움을 결정하는 것이다.

반면 코가 너무 낮아 어렸을 때부터 놀림을 심하게 받은 경우나 심각한 피부 질환을 앓아 일상생활에서 불편함을 겪는 정도라면 피부과 및 성형외과의 도움을 적극적으로 받는 것도 좋다.

평소 눈에 대한 콤플렉스가 심했던 한 내담자는 쌍꺼풀 수술로 거의 기적적인 자신감을 얻기도 했다. 성형 수술 부위 중 눈은 가장 드라마틱한 효과를 내는 부위였고 그녀는 달라진 자신을 거울로 보며 매일 행복감을 느낀다고 했다. 계속 욕심을 내서 중독으로 가는 일만 없다면 의학 수술 및 시술로 얼마든지 외모 열등감을 극복할 수도 있다.

- 자신에게 어떤 외모 콤플렉스가 있는지 적어 본다.
- 언제부터 그것을 콤플렉스로 여기게 되었는지 과거 기억을 되짚어 본다.
- 타인에 의해 생긴 콤플렉스라면 그 말이 어떤 의미가 있는지 생각해본다.
- 타인이 새긴 말은 마음에 문신처럼 새겨져 지워내기 힘들지만 의지를 발 휘할 때 반드시 떨쳐낼 수 있다는 사실을 기억한다.
- 나는 외모와 상관없이 존중받아야 하고 소중한 존재라는 것을 거울을 볼 때마다 마음으로 되새기고 소리 내어 말한다.

겉모습에 집착하는
사람의 심리

요즘은 다들 마스크를 쓰고 있어 상대방의 얼굴을 온전히 볼 수 없지만, 늘 거울을 갖고 다니며 수시로 화장을 고치고 확인하는 여성이 있었다. 속눈썹은 바짝 올라가 있어야 했고 파운데이션은 절대 지워지면 안 됐다. 다른 사람은 물론, 자신이 보기에 언제나 나는 완벽한 존재로 비쳐야 했다. 그녀는 월급의 대부분을 비싼 명품 화장품과 옷, 구두, 가방을 사고 외모를 가꾸는 데 쏟았다.

하지만 그렇다고 외모에 대한 자신감이 늘 100퍼센트 가득 차 있는 건 아니었다. 길거리에서 혹은 백화점에서 늘 자신보다 더 화려한 외모의 여성을 만났고 그들과 비교해 보면 스스로가 한없이 초라하게 느껴졌다. TV만 봐도 자신보다 훨씬 예쁜 여성들이 수도 없이 많았다.

하지만 그녀는 외모에 대한 집착을 버릴 수 없었다. 마치 밑 빠진 독에 물을 붓는 것처럼, 그녀는 만족할 수 없는 그 허상 같은 기준을 위해 돈을 쓰고 또 썼다. 그래야 나 자신에 대한 가치와 의미가 높아지는 것이라고 생각했기 때문이었다.

하지만 정작 그녀가 채워야 할 것은 외적인 것이 아닌 내면의 공허였다. 심리적 허기를 피자, 치킨, 빵 등으로 채우는 사람이 있는가 하면 그녀처럼 겉모습을 가꿔 다른 사람들로 하여금 인정받고 싶어 하는 사람이 있다. "예쁘다"라는 찰나의 인정을 위해 그녀는 매 순간 모든 돈과 에너지를 외모에 쏟아 붓고 있는 것이다. 타인이 보기에는 이미 충분히 예쁜데도, 내면에 채워지지 않는 구멍이 너무 커 웬만한 칭찬과 관심으로는 성에 차지 않기 때문이다.

외모뿐 아니라 명품 옷과 외제차에 집착하는 남성도 있다. 경제력이 곧 자신의 능력이자 자존심이라고 생각해 재력을 과시하는 사진을 SNS에 올리는 등 '남들이 바라보는 나'가 곧 '진정한 나'라고 생각하는 것이다.

하지만 물질이나 예쁘고 잘생긴 외모가 자신의 모든 결핍을 채워줄 수는 없었다. 오히려 자신의 공허함을 채우려는 각종 노력이 자신을 소진시키는 일이 되기도 했다.

그녀와 그를 소진시키는 것은 다른 누구도 아닌, 바로 자신이었다. 자신이 외모에 집착하는 이유가 외면이 아닌 내면에 있다는 것을 깨달아야 그 집착의 악순환을 스스로 잘라내고 자유로워질 수 있다.

채워지지 않는
공허함

만약 성형을 해서 외모에 대한 열등감을 모두 해소할 수 있다면 수많은 성형 중독자들은 생겨나지 않았을 것이다. 코를 높게 세우면 이마가 꺼져 보이고, 보형물로 이마를 채워 넣으면 눈이 작아 보이고, 눈을 키우면 광대가 커 보이는 등 성형해야 할 곳이 한 개에서 여러 개로 늘어나기도 한다.

예전에 한 내담자는 턱이 튀어나와 보이거나 전혀 이상하게 보이지 않았음에도 스스로 콤플렉스라고 생각해 양악수술을 했다. 또 다른 내담자 중 한 명은 눈 수술을 3~4번에 걸쳐 했지만 계속 불만족스러운 점만 보인다며 또 다른 수술을 고민하기도 했다.

우리 눈에는 완벽하게만 보이는 연예인들에게도 외모 콤플렉스가 있다. 대표적인 미인 김태희는 한 TV 프로그램에서 "치아가 너무 커 보이는 게 콤플렉스"라고 했고, 아이유는 작은 손이, 설현은 까만 피부와 허벅지가 콤플렉스라고 하는 등 연예인들에게도 저마다의 외모 열등감이 있다는 걸 알 수 있다. 하지만 그런 크고 작은 콤플렉스에도 불구하고 자신의 장기와 장점을 부각해 자신감을 갖고 살 수 있다.

채워도, 채워도 채워지지 않는 공허함이 없어지지 않는다는 것을 점차 깨닫게 될 때 어떤 사람은 알코올을 탐닉하게 되고 마약에 중독되기도 하고 사람에게 집착하기도 한다. 결국 자신과 타인까지 모두를 괴롭히는 극단적 형태로 고착되기도 하는 것이다.

그 누구도 모든 걸 완벽하게 채우며 사는 사람은 없다. 어느 정도의 결핍 속에서 주어진 것에 감사하며 살아간다. 내가 부족한 사람이라는 걸 인정하기 때문에 겸손을 유지하며 살 수 있는 것이 아닐까.

열등감에서 벗어나야 한다는 압박

나도 외모에 관심을 가지기 시작하던 시기에 극심한 외모 콤플렉스에 시달렸었다. 나는 큰 키에도 불구하고 눈이 나빠 앞자리에 앉았었는데, 수업에 들어오는 선생님들마다 한마디씩 했다.

"지윤이랑 영미는 엄마와 딸 같네."
"얼굴 크기가 두 배야."
"왜 그렇게 얼굴이 크냐?"

그분들의 무신경한 한마디는 나의 외모 콤플렉스에 지대한 영향을 끼쳤다. 아마도 아무 생각 없이 재미로 했던 말이었을 것이다. 굳이 하지 않아도 되는 말을 한참 예민한 나이의 학생에게 던지는 건 분명 잘못된 것이었다. 내 마음은 '난 얼굴이 엄청 큰 못생긴 아이야'라는 생각이 지배하기 시작했다.

미디어가 점점 더 발달하면서 사람들은 얼굴이 작은 사람들에게 열광하기 시작했다. "우와, 얼굴 진짜 작으시다." 이 말은 최고의 찬사가 되었다. 그런 말들이 미디어에서 매일 반복해서 나왔다. 그 말을 들을 때마다 괜히 마음이 불편해졌던 걸 보면 얼굴크기에 대한 나의 콤플렉스가 완전히 해결되지는 못했던 것 같다.

20대 때는 돈만 있으면 얼굴 전체 골격을 깎아내고 싶었다. 양악수술이 유행이던 때는 엄청 고통스럽다는 그 수술도 하고 싶었다. 그러면 얼굴이 작아질 거라는 막연한 기대도 있었다. 그

때의 내게는 다행히 그럴 만한 돈이 없었다. 그래서 지금도 가끔 TV 화면에 나올 때면 크게 잡히는 얼굴 그대로다. 그런데 많이 부끄럽지는 않다. 다만 가족에게 웃으며 이렇게 말한다. "내가 얼굴 크기만 작았더라면 유명한 배우가 됐을 거야."

얼굴 크기가 아름다움의 기준인 사람들에게 나는 여전히 못난 사람일지 모른다. 그런데 어떤 이들은 나를 아름답고 우아하다고 진심으로 말해준다. 눈 코 입이 너무 아름답다고도 하고 지적 아름다움이 있다고도 말한다. 그들의 말이 예의상 하는 말이라 할지라도 나는 고마움을 표하며 그 칭찬을 받아들인다. 켜켜이 쌓인 열등감을 그렇게 지워나갔다. 어느 날 갑자기 내 얼굴이 주먹만큼 작고 갸름해지진 않았지만 꼭 그렇게 되어야 예쁘다는 생각에서 벗어나게 된 것이다. 어느 순간부터 얼굴 크기에 신경이 크게 쓰이지 않았고 다음 생에도 이 모습 그대로 태어나도 좋다는 생각을 갖게 되었다. 거울을 보며 "나는 나로 충분해, 나는 충분히 아름답고 우아해"라고 말해준다.

나이가 들수록 "아름다우시네요"라는 말을 자주 듣는다. 어쩌면 어린 시절엔 열등감이 너무 심해서 다른 사람이 얼굴이 하얗고 예쁘다고 했어도 받아들이지 않았을 것 같다. 지금은 오히려 내면의 인격이 얼굴에 나타나는 나이가 되어 부드럽고 지적이며 포용력 있는 우아함을 더 갖고 싶다.

결국 완벽한 인간은 없다. 우리 개개인이 갖고 있는 고유한 장점과 아름다움을 생각하면 꼭 완벽해야 하는지, 완벽이 무엇인지 정의를 내리기가 더 어려워진다. 우리는 하나같이 완벽하지 않아서 더 아름답고 소중하다. 때로는 우리의 연약함과 결점이 곧 유일무이한 의미가 되기도 한다. 우리는 완벽하지 않아서 아름답다.

그러니 모든 열등감에서 벗어나야 한다는 강박에서도 벗어날 필요가 있다. 결핍을 받아들이면 '그럼에도 불구하고' 행복하고 건강하게 살 수 있기 때문이다. 완벽하지 않아도 된다는 것이다. 그러니 당신도 나도 완벽하지 않은 나 자신을 따스하게 안아주고 받아주자. 완벽하지 않은 얼굴, 완벽하지 않은 몸매, 완벽하지 않은 두뇌, 완벽하지 않은 주위 환경, 충분하지 않은 돈, 완벽하지 않은 가족관계… 그럼에도 불구하고 살아있고 살아가고 있는 나 자신을 기특하게 여기고 기뻐하며 웃으며 행복해지자. 부디 그렇게 되자.

- 내가 생각하는 콤플렉스가 누군가에게는 부러움의 대상이 될 수도 있다는 발상의 전환을 해본다.
- 외모와 상관없이 나는 소중하고 행복해질 수 있다는 용기와 믿음을 갖는다.
- 외모지상주의의 현실을 비판만 하면 더욱 더 비참함을 느낄 뿐이기 때문에 그러한 인식을 내게서 멀리 두고 자신의 생각과는 다르다는 것을 인식한다.
- 나도 모르게 타인을 두고 외모 평가를 하고 있는 자신을 깨닫게 될 때 자책하지 말고 그런 자신을 용납해 준다.
- 타인이 내 외모를 평가한다는 사실도 받아들인다.
- 그 모든 사실이 무의식적으로 일어나며 고착된 사회적 편견이 쉽게 무너지지 않는다는 사실을 담담하게 받아들인다.
- 그럼에도 불구하고 스스로는 사회적 편견을 조금씩 벗어버리며 조금씩 자유로워지도록 조급하지 않게 노력한다.

남의 시선에 흔들리는
사람들

시대마다 아름다움에 대한 기준은 변해왔다. 그리고 아름다움의 기준은 대체로 남성보다는 여성에게 더 가혹하게 적용되곤 했다. 최근 한 인터넷 게시물에서 "뚱뚱한 여자보다 혐오스러운 것은 없다"는 글을 읽으며 남성에 비해 여성들이 다른 사람의 시선, 특히 세상이 정한 미의 기준을 무시하는 게 쉽지 않겠다는 생각이 새삼 들었다.

모두가 가난하고 어려웠던 60, 70년대에는 보름달처럼 동그란 얼굴을 가진 여성이 아름답다고 인식됐지만, 외국 영화나 드라마의 영향으로 어느 순간 우리나라 TV 드라마, 패션 잡지 등에서 'V라인 얼굴형'에 쌍꺼풀이 있는 연예인들이 대거 쏟아지며 순식간에 턱이 날렵하고 얼굴이 작은 여성들이 미의 기준으로 자리 잡았다.

지금은 꼭 쌍꺼풀이 없어도, 얼굴이 갸름하지 않아도 고유의 개성이 있는 김고은, 박소담, 김태리 등의 연예인들이 아름다운 얼굴로 인정받고 있지만, 그 역시 또 다른 미의 한 기준이 되어 버린 것 같다. 쌍꺼풀이 있든, 없든 방송에 나오는 연예인처럼 '예뻐야' 하기 때문이다. 또 얼굴 생김새뿐 아니라 키, 몸무게, 신체 비율 등 연예인을 포함한 타인과 나를 비교해 열등감을 느끼게 할 요소는 너무나 많다.

타인이 나의 행복을
좌우하는 삶

그렇다면 이 다양한 외적인 열등감을 어떻게 다스리면서 내 자존감을 스스로 지킬 수 있을까. 내가 이렇게 태어나고 싶어서 태어난 것도 아닌데 말이다.

왜 아름다운, 멋있는 외모를 갖고 싶은가? 그 아름다움을 타인에게 인정받고 싶어서? 왜 인정받고 싶은가? 사람들에게 인기가 많아질 테니까? 왜 그들의 인기를 얻고 싶은가? 그 인기가 정말 나의 인생과 영혼을 풍요롭게 하는 영구적인 행복을 보장하는가? **타인이 나의 행복을 좌우하는 삶을 신뢰하고 나아갈 수 있는가?** 그 용기야 말로 내 스스로의 자존감을 높이려는 용기보다 더욱 어렵고 험난한, 결국 모래 위의 성처럼 나약한 용기가 아닐까.

적어도 타인의 인정이라는 찰나의 쾌감을 위해 그토록 지옥 같고 고통스러운 열등감에 사로잡히지 않길 바란다. 물론 우리는 인간이기에 겉모습으로 나 자신과 타인을 쉽게 평가하곤 한다. 타인의 아름다운 외모는 쉽게 나를 좌절시키는 요인이 되기도 한다. 그러나 내 인생을 책임져 주지 않는 바로 그 타인으로 인해 스스로를 하찮게 취급하는 것은 더욱 못난 나로 만들 뿐이다.

나만의 개성을
찾아라

외적인 자존감을 포함해 내면의 자존감을 키워 풍성하고 아름다운 삶을 이루어야 하는 것은 우리 모두가 짊어진 '생의 과제'이자 의무이다. 나를 누구보다 깊이 사랑하고 성장해 나가자. 스스로 비난하는 목소리에 잠식되지 말자.

세상이, 그리고 미디어가 정한 미적 기준을 아예 무시하라는 말이 아니다. 나 자신의 고유한 아름다움을 발전시키는 방법을 모색해 보자는 뜻이다. 자신을 예쁘고 멋있게 가꾸는 것은 물론 중요하다. 객관적으로 판단했을 때 자신이 가진 매력은 극대화하고 단점은 보완하는 방향으로 외모를 가꾼다면 오히려 미디어가 정한 미적 기준보다 훨씬 더 본인의 매력을 잘 드러낼 수도 있다.

예를 들어 최근 인기를 끌고 있는 스타일링 서비스를 받아보는 것이 도움이 될 수 있다. 개인의 얼굴형, 체형, 이목구비, 얼굴 톤 등을 분석해 그에 맞는 스타일 팁을 제공하는 개인별 맞춤 컨설팅 서비스를 받아보는 것이다. 얼굴이 크거나 사각턱을 가졌어도 전문가의 조언을 받으면 개성을 살리면서도 충분히 아름다워질 수 있다.

유튜브에서 전문가에게 맞춤 스타일링 서비스를 받은 한 여성은 "항상 못생겼다고만 생각했는데 내 얼굴에 이런 매력이 있는 줄 몰랐다"며 놀라워했다. 그녀는 "평소에 사람들 눈에 띄지 않으려고 검은 색 옷만 입고 다녔는데 내 얼굴에는 핫핑크 같은 원색이 잘 어울리는 줄 이제 알았다"며 "헤어스타일도 가르마를 조금 다르게 타는 것만으로도 이렇게 달라질 수 있다니 놀랍다. 앞으로 조금만 더 신경 써서 이 모습을 유지 해야겠다"는 소감을 전했다.

"저 사람은 예쁘긴 한데 너무 뻔하게 생겼어. 흔하게 예쁜 스타일이네."

"저 사람은 전형적인 미인은 아닌데 자신만의 매력이 있어. 그게 되게 독보적이야."

둘 중 어떤 칭찬이 나의 외적 자존감을 높여주는 말일까? 어떤 말을 듣고 싶은가? 선택은 자신의 몫이다.

외모 자존감을 높이는 TIP

· 내가 가진 고유의 아름다움을 인정하고 더 발전시키는 방법을 모색해 보자.
· 단점을 단점이 아닌, 새로운 관점으로 바라보고 나만의 매력으로 만들자.
· 미디어에서 세운 기준에 나의 아름다움을 끼워 맞춰 폄하하지 말자.

Chapter 2. 세상이 정한 아름다움에 움츠러들지 마라

내 인생의 기준은 '나'

만약 평소 내가 정말 예쁘다고 생각하는 연예인이 될 수 있다고 가정해보자. 그 완벽한 기분은 언제까지 갈까. 하루? 한 달? 일 년? 그렇다면 과연 내가 동경하는 그 연예인은 자신이 24시간 365일 매 순간 너무 완벽하다고 느껴서 끊임없는 행복감에 젖어 살고 있을까? 그 치열한 연예계에서 동료 연예인, 혹은 치고 올라오는 신인 연예인들 때문에 직업적 위협감과 함께 오히려 더 극심한 열등감에 젖어있진 않을까? 그리고 오직 외모로 인해 동경하는 것이라면 너무나 단순한 생각이다. 어쩌면 그들은 아름다운 외모를 질식시킬 정도의 힘들고 끔찍한 삶을 살고 있을지도 모를 일이다.

수시로 바뀌는 미의 기준을 따라잡는 것은 불가능할뿐더러, 자신의 내면을 갉아먹으면서까지 죽어라 그 기준에 맞추려는 의미가 있을까?

약간 잔인한 이야기일 수 있지만, 인종이나 성별을 떠나 모든 사람은 피부의 1밀리미터, 아니 0.1밀리미터만 벗겨도 똑같은 얼굴 근육을 가진 인간이다. 조금 더 눈이 크고, 턱이 작고는 의미가 없어지는 것이다.

내 인생의 기준은 나여야 한다. 하지만 우리는 자신도 모르게 그 중요한 주도권을 어느 연예인에게, 모델에게 쥐어주곤 한다. 그렇게 되지 못하는 자신을 채찍질하면서 타인에게 끊임없이 휘둘리는 것이다. 정말 그들처럼 된다고 해도 완벽하고 영원한 행복을 쟁취하는 것이 아닌데 말이다.

아름다움에 대한 주도권을 가져라

아름다움은 단순히 눈이 크고 쌍꺼풀이 있고 얼굴이 작은 데서 나오는 것이 아니다. 그렇지 않아도 존재만으로 빛나는 사람이 있다. 누가 봐도 슈퍼모델처럼 예쁜 사람인데도 왠지 아름답다는 생각이 들지 않는 사람이 있는가 하면, 수수한 옷차림에도 맑은 미소 한 번이 명품백보다 아름답고 빛나는 사람이 있다. 그런 사람을 보면 궁극적으로 외적인 아름다움이 결국 내면에서 나오는 것이 아닐까 하는 생각이 든다.

스스로 아름다운 사람으로 정의내린 사람. 그 누구에게도 자신의 아름다움에 대한 주도권을 주지 않는 사람. 그런 사람이야말로 어떤 성형 기술로도 흉내 낼 수 없는 압도적인 아름다움을 지닌 사람이다. 그리고 누구나 자신만의 아름다움과 가치를 발산하는 사람이 될 수 있다.

열등감에서 벗어나기 위해서는 자신이 '어떤 열등감'을 갖고 있는지, 그 열등감이 언제 자극을 받는지 인식하는 것이 중요하다. 그래야 불필요한 거짓 열등감은 없앨 수 있고, 그 밖의 열등감은 장점으로 승화시켜 나를 더 나은 사람으로 만들 수 있기 때문이다.

"나한테 무슨 열등감이 있어? 다른 사람들이나 있겠지"라고 말하는 것보다, "그래. 난 키도 작고 연예인처럼 얼굴도 작지 않아. 그래서 나랑 다른 사람을 보면 열등감이 생기는 것 같아"라고 인정하는 것이 훨씬 심리적으로 성숙한 사람의 태도이다. 그 인식의 단계를 거쳐야 "하지만 나는 나로서 당당하게 살아야 하고 그렇게 살 수 있어. 그런 내가 좋아"라고 스스로에게 선포할 수 있다.

이렇듯 내 인생의 진정한 주인이 되기 위해서는 '내가 내 인생의 주인이 되겠다'는 담대한 용기와 결단이 필요하다.

'다른 사람한테는 있는데 왜 나한테는 없을까?'라는 생각에만 빠져 있다면 불공평하다는 분개심만 커질 수 있다. 당신이 부러워하는 그 사람 역시 '왜 나한테는 이런 게 없을까? 정말 불공평해'라고 생각하는 지점이 있을 것이다.

외모뿐 아니라 우리 삶은 결핍투성이이며, 그것이 곧 삶의 일부라는 것을 인정해야 한다. 그리고 그 결핍 중에서도 지금 정말 나에게 필요한 것을 알아내는 것이 인생을 탐색해 나가는 과정이다.

엘사가 겨울왕국을 짓게 된 이유

지난 2014년 개봉해 전 세계적인 인기를 얻은 〈겨울왕국〉은 부모로부터 '완벽해야 한다'는 가르침으로 인해 자기 비난에 사로잡혀 오랜 세월 성 안에서 고립된 채 살던 엘사가 결국 자신의 열등감을 극복하고 본연의 아름다운 모습을 되찾는 이야기다.

주인공 엘사는 모든 것을 차갑고 단단한 얼음으로 얼려버리는 신비로운 힘을 가진 채 태어났다. 하지만 그녀의 부모인 왕과

왕비는 그러한 엘사의 힘을 '결점'으로 여겨 통제하려고 했고 그러한 시도가 엘사에게는 또 다른 깊은 두려움으로 자리 잡았다.

엘사는 두려움 속에 자신을 가둔 채 모든 사람과 세상으로부터 스스로를 고립시켰다. 이후 자신의 힘을 통제할 수 없는 상황이 벌어지자 성을 뛰쳐나가 "사람들이 뭐라고 하든 상관없어. 한때 날 지배했던 두려움도 날 괴롭힐 수 없어. 그 완벽했던 소녀는 이제 없어. 난 다 잊을 거야. 난 자유야"라고 선언하며 자신만의 찬란하고 아름다운 얼음 성을 짓는다.

엘사처럼, 누구나 한번쯤은 이런 이야기를 들어본 적이 있을 것이다.

"누구에게도 네가 약한 걸 보이지 마."
"항상 착한 아이가 되어야 해."
"네 감정을 숨겨. 불안한 감정을 느끼지도 말고 남들이 알게 하지 마."

엘사 역시 어른이 되기까지 이러한 말들로 인해 자신을 억압한 채 실체 없는 두려움을 키우고 있었다. 그리고 스스로 그 속박에서 벗어나, 적어도 그 전까지는 안전하다고 여겼던 궁전을 떠나 자신의 삶을 개척한다. 한평생 열등감으로만 여겼던 바로 그

'신비로운 힘'을 발휘해서 말이다.

나를 비롯한 수많은 사람들이 바로 노래 'Let It Go' 속에 녹여낸 엘사의 용기와 대담함에 매료된 것 같다. 기존의 나를 지켜준다고 생각했으나 사실은 구속했던 그 세계를 벗어나 눈 폭풍우가 몰아치는 가운데에서도 "이제 난 어떤 두려움에도 지배되지 않아"라고 선언하는 경이로운 용기와 시간이 우리에게도 필요하다.

엘사의 얼어붙은 마음을 치유한 것은 바로 그 모든 것을 얼어붙게 하는 신비로운 힘이자, 엘사의 결점까지도 사랑했던 동생 안나의 사랑이었다. 혹시 나도 스스로를 속박시킨 궁전에 살고 있진 않은가? 그렇다면 그토록 두려워했던 내 안의 또 다른 내 모습을 직면하자. **자신의 열등감에서 구원받기 위해선 그 열등감을 이용하지 않으면 안 된다.** 엘사의 신비롭고 특별한 힘이 아름다운 성을 만든 것처럼, 내가 단점이라고 생각했던 것이 실은 엄청난 잠재력을 가진 힘인지도 모른다.

당신이 가지고 있는 열등감이 언젠가 누군가에게 드러날까 매일 노심초사하지 않길 바란다. 공포심을 치유할 때처럼, 열등감을 노출하면 할수록 그것은 열등감이 되지 않는다.

예를 들어 누군가 당신의 외적 콤플렉스를 지적하기 전에 먼저 "전 키가 작아서 콤플렉스예요", "전 옛날부터 노안이라는 소리를 하도 많이 들어서 이젠 기분 나쁘지도 않아요", "아, 제 눈이 약간 짝짝이죠? 저도 아는데 성형할 만큼 이상하다고 생각하지 않아서 그냥 이대로 살려고요" 등의 말을 선수치듯 내뱉는 것이다. 그러면 당신의 외모를 지적하려던 사람도 머쓱해져 더는 그 부분을 건드리지 않을 것이다. 당신의 열등감이 무엇인지 타인이 결정하게 두지 말길 바란다.

외적, 내적 자존감을 높이는 TIP

- 누구에게나 생각지 못한 외적, 내적 열등감이 있다는 사실을 인지하자.
- 어떤 지점에서 나의 외모 열등감이 자극받는지 점검하자.
- 외면보다는 내면의 자존감을 키우는 것이 중요하다는 것을 기억하고 노력하자.
- 내가 가진 열등감을 숨기기보다 일부러 드러내 오히려 아무것도 아닌 것처럼 대하자.
- 다른 사람에게 열등감을 일으키는 심리적 주도권을 넘기지 말자.

Chapter 3

누구도
나를
아프게
할 수 없다

감정과 자아의 열등감

모든 일을 당신 탓이라고
생각하지 마라

　새로운 회사에 이직한 지 8개월 된 지안 씨는 예쁘고 똑똑한 명문대 출신의 직장인이었다. 하지만 3~4개월이 지나면서 지안 씨는 네 명의 여성들로만 이뤄진 사무실에서의 환경이 부담을 넘어 서서히 고통스러워지기 시작했다. 모두 자신과 같은 20대 후반의 또래였지만 팀원들이 자신을 경계하고 무시하는 태도가 점점 선을 넘었기 때문이다.

　팀 내 중심을 잡아 각 팀원들을 존중하고 배려해야 하는 팀장은 정작 자신의 역할과 의무는 수행하지 않으면서 툭하면 지안 씨를 일대일로 불러놓고 '왜 자신의 카톡에 즉각 답을 하지 않느냐'며 질책했다. 하지만 팀장의 해당 카톡은 팀원 모두가 대답해야 할 사항이 아니었고, 팀장 역시 모두 답할 필요가 없으며 인지만 하면 된다고 입사 초기에 지안 씨에게 말해온 사항이었다. 지안 씨는 그동안 팀장이 보낸 모든 카톡에 답을 달았고 업무 때문에 바빠 놓친 한두 개의 카톡에 '네'라는 답을 안 했다는 이유로 한 시간 가까이 팀장에게 붙잡혀 집요한 공격과 비난을 받아야 했다.

그 뒤 팀원들은 팀장과 곧 한 편이 되어 지안 씨를 일부러 업무에서 배제 시킨 뒤 뒤늦게 "왜 지안 씨는 공동 업무에 참여하지도 않고 관심도 없죠?"라고 집단 따돌림을 했다. 지안 씨가 팀 내 단톡방에 업무 공유를 해도 팀장은 물론 그 어떤 팀원도 답을 하지 않았다.

타인의 열등감에 내가 공격당할 때

지안 씨의 직장 내 괴롭힘 및 따돌림은 팀장을 중심으로 매우 교묘하고 교활하게 지속적으로 이루어졌고 그동안 지안 씨의 정신은 점차 피폐해져 갔다. 한동안은 정말 팀장과 팀원의 말처럼 자신이 업무에 게으르고 무능력한 직원으로 여겨져 자괴감이 느껴지기도 했다. 그러나 지안 씨는 누구보다 자신이 맡은 일에 헌신적으로 책임을 다 했으며 회사에서 처음 혼자 맡은 프로젝트도 성공적으로 해냈다.

그러나 팀장과 팀원들은 그러한 지안 씨의 업무 성과를 경계하고 폄훼하며 "지안 씨는 왜 지안 씨 일만 그렇게 열심히 해요?"라는 어이없는 공격을 가했다. 지안 씨는 "이게 어떻게 제 일인가요? 회사에서 이 일을 하라고 절 뽑은 거고, 그에 보답하기 위해 저는 최선을 다해 이 일을 수행한 거예요"라고 최선의 예의를 갖춰 말했지만 아무도 그 말에 귀 기울이지 않았다.

지안 씨는 억울했다. 회사 직원으로서 최선을 다했다고 스스로 생각하면서도, 다수의 공격적인 말에 휘둘려 '그래. 정말 다 내 잘못인지도 몰라' 하는 생각에 빠져들었다. '팀장과 팀원들이 저러는 데는 다 이유가 있을 거야. 어쨌든 내 잘못이겠지. 내가 조금만 더 신경 썼더라면, 조금만 더 팀장에게 잘 보였더라면, 조금만 내 일을 열심히 하지 않았더라면, 일 보다는 그들과 잘 지내는데 더 노력을 했더라면…' 하는 생각이 꼬리에 꼬리를 이어 잠을 이룰 수가 없었다.

자기 비난과 자괴감에 빠진 지안 씨는 매일 아침 사무실에 들어가거나 회의 시간만 되면 심장이 비정상적으로 두근거리고 숨이 잘 쉬어지지 않아 정신과 치료를 받기 시작했고 공황장애 및 우울증, 불면증 등의 진단을 받았다.

지안 씨가 느끼는 괴로움은 일을 제대로 수행하지 못했다는 자책이 아닌, 이 모든 사태가 자신 때문이라는 막연한 자책감에서 비롯됐다. 결국 지안 씨는 정신과 약물치료를 병행하면서 내게 심리상담치료를 받았다. 3~4개월에 걸친 교묘한 집단 따돌림과 괴롭힘으로 지안 씨의 자존감은 형편없이 낮아져 있었으며 그녀는 자살 충동까지 느끼고 있었다. 그녀는 출근길에 횡단보도를 건널 때마다 차에 치어 즉사했으면 좋겠다는 생각을 한다고 털어놓았다.

"박사님, 여러 명이 저를 이상한 사람으로 모니까 정말 제가 비정상인 것 같다는 생각이 들어요. 박사님한테 상담을 받는 것도 제 편을 들어달라는 게 아니라 제가 미치지 않았다는 객관적인 의견을 듣고 싶어서예요. 진짜 제가 미친 건가요? 다 제가 잘못한 건가요? 일이 이렇게까지 된 게 정말 다 제 탓인가요?"

나는 고통스러워하고 미치도록 답답해하는 지안 씨에게 이렇게 대답했다.

"이건 지안 씨의 탓도, 지안 씨의 잘못도 아니에요. 들어보니 지안 씨와 비슷한 또래의 팀장은 지안 씨가 입사할 때부터 지안 씨를 경계했고, 지안 씨가 맡은 일을 사사건건 방해하면서 대표한테 지안 씨의 업무 능력이 별로라는 이간질을 오랫동안 해 온 것 같아요. 그래서 대표도 지금 지안 씨가 당한 피해사실보다 팀장을 일방적으로 두둔하고 있는 거고요. 카톡 등 괴롭힘의 증거가 이렇게 명백한데도 말이에요. 팀원들도 그렇고 팀장도 지안 씨에게 엄청난 열등감과 시기심을 느끼고 있는 것 같아요. 그래서 자꾸만 지안 씨를 자기들 수준으로 끌어내리려고 끊임없이 시도해 온 거고요."

지안 씨의 경우 직장동료들의 극심한 열등감으로 인해 직장 내 괴롭힘을 당하고 있었다. 지안 씨가 객관적으로 괜찮은 외모에 키도 크고, 명문대 출신에 집안 배경까지 괜찮은 것을 알게 된 그들은 자신들의 열등감을 '따돌림'이라는 비겁하고 비열한 방법으로 해소하며 지안 씨를 괴롭혔던 것이다. 더 무서운 것은 자신들이 그런 사람인 줄 모르고 있으며 앞으로도 그 사실을 영원히 모른 채 다른 피해자를 만들며 평생 살아갈 것이라는 사실이었다.

나는 지안 씨가 자신의 잘못이 결코 아님에도 그런 깊은 자책감과 자괴감에 빠져 있는 모습에 마음이 아팠다. 그저 자신이 맡은 일을 열심히 했고, 더 열심히 하려고 했을 뿐인데 집단 열등감의 피해자가 된 현실이 답답하고 안쓰러웠다.

다른 사람의 열등감을
용납하지 마라

이처럼 열등감은 내가 다른 사람을 공격하는 형태로 뻗어나 갈 수도 있지만 타인의 열등감으로 인해 내가 공격을 당할 수도 있다. 열등감에서 비롯된 공격은 '험담, 따돌림, 이간질, 비꼬기, 비아냥거리기, 평판 깎아내리기, 왜곡하기' 등 다양한 방법으로 이뤄진다.

나는 지안 씨에게 결국 스스로를 지킬 수 있는 건 지안 씨 자신이라고 말했다. 그리고 더 용기를 내 부당한 것은 부당하다고 정중히 말하고 그들이 일부러 무시하거나 제대로 듣지 않는 지점이 있다면 그 순간 정확하게 말해야 한다고 조언했다.

"근데 조금이라도 제가 맞섰다가는 더 심한 공격이 들어올 것 같은데…?"

"그들은 지안 씨가 가만히 있으면 가만히 있는 대로 더 만만하게 보고 공격할 거예요. 그냥 당한다고 그들도 얌전히 있지 않아요. 그리고 설사 이 일로 더 심한 공격이 들어온다 해도 지안 씨가 스스로를 보호하기로 결심했다면, 이대로 언제까지나 정신과 약을 먹으면서 견디면 안 돼요. 지안 씨는 충분히 똑똑하고 능력이 있어서 그걸 인정받아 이 회사에 온 거예요. 그 사실을 잊지 말고 그들의 괴롭힘에 휘둘리지 말아요."

그때부터 지안 씨는 약해지는 대신 더 담대해지기로 했다. 더 이상 자신을 상처 주는 환경에 방치하고 싶지 않았다. 팀장과 팀원, 대표 앞에서도 더 자신의 생각을 명확히 표현했고 부당한 것은 부당한 것이라고 지적했다. 그러자 그들의 교활한 태도가 움츠러들기 시작했다. 그건 지안 씨가 그저 맞섰기 때문이 아니라, 정확한 사실과 논리로 그들의 비논리를 지적하고 정리했기 때문이었다.

이러한 일을 겪으며 지안 씨는 인생에서 그 어느 때보다 더 '내 마음은 내가 지켜야 한다'는 것을 실감했다.

곁에서 무한한 지지와 용기를 북돋을 수는 있으나, 지안 씨의 친구들이나 심리상담전문가인 나조차 지안 씨를 대신해 그들과 싸워줄 수는 없다. 반대로, 아무리 주변에서 도움이 되는 조언을 들어도, 스스로 자신의 자존감과 마음을 보호하기로 결심하지 않는다면 지옥 같은 상황은 영원히 변하지 않을 것이다.

지안 씨는 퇴사하는 상황이 벌어지더라도 평생 치명적인 상처를 입느니, 차라리 그들과 될 때까지 맞서기로 했다. '아직 어려서 그래. 사회생활은 다 그런 거야'라는 말에 자신의 마음이 다 닳아빠지도록 놔두지 않기로 한 것이다. 지안 씨 같은 직원, 팀

원, 팀장, 대표, 더 나아가 사회 구성원들이 늘어난다면 애초에 '그렇게 견뎌야 할 사회생활' 따위는 없을 것이다.

늘 자책하며 괴로워하던 지안 씨는 할 말을 하면서부터 불안과 공황 증세가 급격하게 줄어들어 곧 정상적인 생활을 할 수 있게 됐다. 그리고 그 일을 겪으며 더 내면이 강해져 그 전보다 훨씬 더 직원을 존중해주는 회사로 이직도 할 수 있게 되었다.

마침내 지안씨는 이렇게 말했다.

"이젠 그들이 불쌍하다는 생각이 들어요. 자신보다 조금이라도 나은 사람을 보면 괴롭히지 못해서 안달이잖아요. 당했던 저도 끔찍했지만, 스스로 만든 지옥에서 살아야 하는 그들도 참 불쌍해요."

융은 열등감과 관련해 "비교의식을 버릴 수만 있다면 자살, 우울증 등의 사회적, 개인적 병폐를 고칠 수 있을 것"이라고 말했다. 하지만 자신과 타인에 대한 열등감과 비교의식이 판치는 세상에서 자신의 마음을 지켜야 하는 상황은 일상 속에 산재해 있다. 집에서, 직장에서, 친구나 연인 관계에서도 마찬가지다.

부모님이 "넌 왜 그렇게 못 생겼니?"라고 하면 기죽지 말고 "그런 말씀이 정말 상처가 되네요. 왜 그렇게 저에게 상처 주는 말씀을 하세요?"라고 물어라. 직장에서 "왜 그렇게 예민해? 무슨 말을 못 하겠네"라고 들으면 "예민한 게 둔한 것 보다는 낫잖아요" 웃으며 가볍게 맞받아쳐라. 꼭 정색하고 정면으로 칼을 휘두르며 상대에게 죽자고 덤벼들지 않아도 된다. 얼마든지 쉽고 가벼운 마음으로 타인의 공격을 상대할 수 있다.

타인의 열등감에 휘둘리지 않는 TIP

- 객관적으로 갈등 상황을 판단해 줄 조력자나 조언자를 찾아야 한다.
- 섣불리 기가 죽거나 자책하지 말고 이성적으로 상황을 판단해 보아야 한다.
- 타인의 열등감을 역으로 이용해 내가 받을 심리적 타격을 피해야 한다.
- 타인이 자신의 열등감 때문에 나를 공격할 때 상처받지 않도록 마음 무장을 해야 한다.
- 그 공격의 이유를 분석해본다.
- 결국 공격하는 사람의 심리가 나보다 더 심한 열등감에 있다는 사실을 인식한다.

자신과 타인 모두에게
가혹한 완벽주의자

어느 날 중년의 한 남자분이 상담실을 찾아와서 비통한 목소리로 이렇게 말했다.

"내 인생은 실패했어요. 열심히 산다고 살았는데… 열심히 사느라 옆도 뒤도 안 보고 살아왔는데, 저한테 지금 남은 게 없어요. 내 주위에 사람들도 다 등 돌리고 아이들도, 아내도 다 떠나서 너무 외롭고 허전해요. 가족들에게도 저 자신에게도 너무 완벽해야 된다고 몰아붙였어요. 정말 제가 잘못 살았나 봅니다."

완벽주의는 정말 인생의 '완벽'을 만들어줄까? 사람들은 각자

나름대로 인생의 성공 기준을 정해놓고 그 목표를 이루기 위해 열심히 살아간다. 열등감이 심한 사람은 다른 사람들보다 더 치열한 노력을 기울여 자신의 열등감을 극복하고 그 목표를 이루려 애쓴다.

하지만 인생의 진정한 성공이란 무엇일까? 무엇이 성공적 인생을 살았다고 확신하게 만드는 걸까? 왜 어떤 사람은 성공했다는 느낌을 갖고, 또 다른 이는 실패감만 느끼게 되는 것일까?

위에 자신이 살아온 세월을 한탄했던 성준 씨는 자신이 어린 시절과 청소년기에 '완벽주의'를 지향하는 부모 때문에 수없이 많은 실패감을 느꼈다고 했다. 이럴 때 느낀 실패감은 성준 씨의 심장에 박혀 몸이 자라고 나이가 들어도 빠져 나오지 않았다.

어린 시절 경험한 실패감의 무게

성준 씨가 초등학생 시절, 90점 맞은 시험지를 들고 숨차게 뛰어와 현관문을 열자마자 상기된 목소리로 말했다. "엄마, 아빠, 나 오늘 시험에서 90점 맞았어요!" 그러자 아빠는 아이에게 무안을 주며 이렇게 말했다.

"100점도 못 맞은 주제에 웬 호들갑이야?"

"니네 반 애들 다 90점 넘지? 그게 뭘 잘 했다고."

아이의 엄마가 말했다. 부모의 이 같은 반응에 아이는 순식간에 절망적인 감정에 휩싸였다.

"옆 집 애를 봐라. 공부도 잘 하고 얼마나 착하니?"

"네 형에 비하면 그건 아무것도 아니야. 네 형은 축구도 잘하고 농구도 잘하는데 넌 뭐 잘하는 운동 하나라도 있니?"

"커서 뭐가 될지 뻔하지, 뭐."

그 가시 같은 말들이 가슴에 새겨진 아이는 더욱 '완벽한 인생'을 살기 위해 옆도 뒤도 보지 않고 성공만을 향해 달려갔다. 그 길을 가는 도중 누군가 방해라도 하려고 하면 가차 없이 쳐내고 스스로를 극도로 압박하며 살았다. 가정을 꾸리고 나서도 부인과 아이들을 정서적으로 돌보는 대신 집안일과 성적 등으로 끊임없이 완벽, 완벽을 강요하고 추구했다.

"집안 꼴이 이게 뭐야? 좀 깨끗하게 할 수 없어? 다른 와이프들은 집 안에 먼지 한 톨 없이 살림만 잘 하는데 당신은 대체 집에서 하는 것도 없으면서 이게 뭐야? 애 가정교육도 철저히 시키는 것도 아니잖아? 이번 기말고사 때 애 성적 봤어? 그래 가지고 무슨 명문대를 보내? 이대로면 서울에 있는 대학 가기도 어려워!"

그는 아들에게도 폭언을 했다.

"너 이 새끼, 이 따위로 공부할래? 내가 돈 벌어서 네 과외비, 학원비에 쏟는 돈이 얼만데 이 따위로 성적을 받아? 내가 니 나이 때는 이것보다 훨씬 열악한 상황에서도 더 성적 높았어, 알아?! 너 지방대 가면 누가 인간 취급이라도 해 주는 줄 알아? 지금 회사에 젊은 애들도 얼마나 치열하게 입사해서 입사하고도 지들끼리 물어뜯고 전쟁터처럼 일하는데 정신 똑바로 안 차려? 서울대에 가도 성공하기 힘든 마당에 지금 게임이나 처 하고 있냐? 지금 니 또래 애들 어떻게 공부하고 있는지 알아? 너 인생의 목표가 뭐야? 실패자로 살고 싶어? 그게 니 꿈이야? 어?!"

성준 씨는 다른 사람이 보기에 사회적으로 어느 정도 인정받는 부유한 사업가가 되었지만, 그는 여전히 자신이 실패자라는 생각을 지우지 못했다. 평생 자신을 옭아맨 그 높은 부모의 기대치가 자신을 얼마나 압박하고 있는지도 모른 채 허덕거리며 살고 있었다는 것을 뒤늦게야 깨달았다. 그리고 현재 자신이 그토록 닮기 싫어했던 부모를 복제한 것처럼 똑 닮아 있다는 사실을 알고 소름이 끼쳤다. 성공을 하고 나서도 성공이 가져다주는 기쁨을 느끼지 못한 성준 씨는 절망했다.

완벽이 무엇인지, 성공이 무엇인지, 아니, 왜 그토록 성공을 하려고 했었는지 그는 깊은 고민에 빠졌다. 그리고 깨달았다. 그 어린 시절, 부모님에게 인정받기 위해 그렇게 지금껏 달려온 거라고. 결국 성준 씨는 자신의 성공이 아닌, 성공에 대한 열등감으로 찌들어 있는 부모의 성공을 이루기 위해 살아온 것이다. 성준 씨는 자신과 타인에게 그토록 가혹한 완벽주의의 잣대를 들이대며 살아온 시간들을 후회했다.

완벽주의에 대한
갈망

누군가 자신이 '완벽한 사람'이라고 말한다면, 그건 지금껏 살아오면서 '나는 단 한 번도 상처받지 않았다'는 뜻과 같다. 하지만 상처받지 않고 살아온 사람은 아무도 없다. 누구에게나 크고 작은 상처가 있으며 단지 그것을 밖으로 드러내지 않고 페르소나라는 '외적 인격'을 쓴 채 살아갈 뿐이다. 그렇기에 '저 사람은 나에 비해 완벽해'라고 생각하는 것 자체가 실은 가장 의미 없는 비교일 수 있다.

사람은 어머니의 안전한 양수에서 벗어나 태어나는 순간부터 온 몸에 커다란 고통을 받게 된다. 차갑고 낯선 수술방의 공기에 머리끝에서부터 발끝까지 아플 것이다. 인간에겐 출생의 고통뿐 아니라 죽음에 대한 고통도 예정되어 있다. 아무리 완벽한 인간이라도 죽음을 피할 수는 없으며 우린 죽음 앞에 모두 연약하고 심지어 '아무것도 아닌' 존재인 것이다.

때로 불공평하다고 느낄 만큼 좋은 조건을 가진 사람들 역시 삶 속에서 크고 작은 다양한 고통을 겪는다. 남들이 다 부러워하는 잉꼬부부가 사고로 어린 외아들을 잃기도 하고, 의사나 변호사로 승승장구 하는 사람들도 불의의 사고로 목숨을 잃기도 한다. 세계적인 부자 혹은 모두가 완벽하고 아름답다고 찬양하는 연예인들도 우울증으로 극단적인 선택을 하기도 한다.

그럼에도 불구하고 우리는 끊임없이 누군가와 자신을 비교하며 좌절감을 느낀다. 누군가 행복해 보인다 해도 그것은 그들의 삶의 단편적인 부분일 뿐이며, 타인도 당신에 대해 그러한 부러움과 시기심을 느끼고 있을 수 있다.

완벽주의에 대한 갈망은 내가 가지고 있는 열등감을 계속해서 자극한다.

'왜 나는 이것밖에 안 되지?', '왜 이렇게 부족한 거야?'라는 생각은 자신에 대한 분노로 이어진다. 불필요한 열등감에 스스로를 빠트리면 타인과 자신에 대한 분노에 사로잡힐 수 있다. 그럴 때 발휘되는 분노는 인간의 감정 중 가장 나약하고 미성숙한 감정이다.

스스로에 대한 기준이 높아서 그 완벽함을 달성하지 못해 괴로운 사람들이 많다. 하지만 우리 모두는 어리석고 미성숙한 존재들이다. 그럼에도 불구하고 그 기준을 넘어서기 위해 노력하며 살아가고, 또 살아가는 동안에 조금씩 여물어간다.

완벽주의라는 강박에서 벗어나 자신에게 좀 더 너그러워지고 타인에게도 상처 주지 않는 인격체로서의 성장은 우리가 살아가는 목표 중 중요한 한 부분이어야 한다.

그 누구도 완벽할 수 없다

나 역시 완벽주의의 덫에 강박적으로 걸려 허우적거릴 때가 있었다. 내가 부모님이나 반 친구들에게 인정받지 못한 것은 내가 완벽하지 않고 허점투성이이기 때문이라는 생각에 사로잡혀 있던 때였다. 완벽해지려고 강박적으로 뭔가를 하다 보니 에너지가 쉽게 고갈되어 바람 빠진 풍선처럼 늘어지곤 했다. 그리고 점점 더 강박증이 심해졌다.

스스로 조금이라도 휴식시간을 갖는 것을 혐오스럽게 생각했다. 나는 그때 24시간 쉬지 못했다. 그래서 몸도 마음도 야위어 가며 온갖 마음의 병이 생겼던 것 같다. 어느 정도였냐면 나는 맹장 수술을 하고 집에 돌아와서 아직 아물지 않은 배의 상처 때문에 숨도 깊이 쉬지 못할 때도 집안이 지저분하거나 물건이 삐뚤게 놓여있는 것을 보면 구부정하게 일어나 일일이 다 치우고 반듯하게 놓일 때까지 청소하고 정리했다.

책은 높이에 따라 정리되어 있어야 했고 모든 물건은 반듯하게 그 자리에 있어야 마음이 편해졌다. 그런 눈에 보이는 완벽함을 미치도록 추구했던 것은 내면의 완벽주의에 대한 보상심리였다.

그러다 어느 순간부터 방바닥에 머리카락이 흩어져 있어도 가만 놔둬보았다. 청소하지 않는 창틀에 먼지가 쌓여가도 아무 일도 일어나지 않았다. 책을 크기와 상관없이 들쑥날쑥 꽂아놓아도 괜찮았다. 그렇게 강박적인 행동을 의식적으로 하지 않게 되자 완벽주의를 추구하는 내 의식도 점차 건강해졌다.

완벽하지 않아도 더 나은 내가 되기 위해 노력하며 그 걸음을 멈추지 않는 것만으로도 당신은 의미 있고 위대한 존재다. 완벽하지 않아도 삶에 고통이 따라와도 우리는 사랑할 수 있고, 고통 속에서도 행복할 수 있다. 고통이 있는 한 절대로 행복할 수 없다고 생각하는 그 생각이 행복을 느끼지 못하게 만든다. 그리고 자신만이 고통 속에 있는 것 같은 억울함을 버려야 한다. 모든 사람들이 각자의 다양한 고통을 겪고 있기에 주위의 모든 사람들에게 긍휼한 마음을 가져야 하는 것이다.

힘든 상황을 하나씩 넘어서면 고통이 줄어드는 것이 아니라 해도 고통을 이겨낼 수 있는 힘이 점점 커지게 된다. 견고하고 사랑이 많고 품이 넓은 사람이 된다.

모두 저마다의
아픔을 안고 산다

세상에서 가장 건강한 사람은 사랑을 주고 사랑을 받을 수 있는 사람이다. 이는 비단 연인간의 사랑만을 뜻하는 것이 아니다. 인격을 성장시키는, 또 상처를 치유할 수 있는 사랑을 의미한다. 사랑이 결핍되면 인간으로서 올바로 살 수 있는 기능을 상실하게 된다. 그렇기에 사랑을 주고받을 수 있는 기능을 회복해야 한다. 열등감과 비교의식은 사랑과 관심의 결핍으로 생겨난 것이며, 이러한 결핍을 또 다른 열등감 및 분노 표출 등의 건강하지 못한 방식으로 해소하기 때문에 문제가 된다. 그러나 마음의 근본적인 탐색이 이뤄지지 않는다면 이로 인해 생긴 결핍과 상실감은 채워질 수 없다.

단 한 순간도 멈추지 않고 흐르는 강물은 우리들 인생과 닮았다. 우리 각자의 시간은 단 한순간도 멈추지 않고 흘러갔으며 또 흐르고 있다. 그 흐르는 물결 곳곳에 박혀 있던 수많은 크고 작은 뾰족한 돌멩이들에 부딪히기도 했다. 피가 나고 심각한 통증에 주저앉아 한참 동안 일어나지 못하던 시간들도 있었다. 그런 시간들도 계속해서 흘러가며 시간은 새로운 곳으로 우리를 데려간다.

모든 사람은 각자 자신의 고통 속에서 나름대로 의미를 찾으며, 때로는 힘든 치유의 시간을 보내며 살아간다. 인생의 고통은 사람마다 다르고 각자가 느끼는 고통의 크기도 다르지만 사람들은 누구나 자신의 고통이 가장 크다고 생각한다. 꼭 기억해야 할 것은 고통이라는 진창 속에서도 향기로운 꽃은 핀다는 사실이다. 그리고 고통 속에서 핀 꽃은 더욱 향기가 짙다는 사실도 잊지 않기를 바란다.

자기 몫의 고통을 이기고 극복하면 자신의 인생 밭에 자신이 원하는 꽃을 피우게 된다. 그 향기는 생애를 관통하여 흐르며 당신의 인생을 의미 있고 행복하게 만들어 줄 것이다. 모든 사람은 자신만의 꽃밭을 가지고 있다. 눈을 들어 보면 온갖 모양의 형형색색의 꽃밭이 각자의 인생이란 정원에 만들어진 것을 보게 될 것이다. 나만 꽃이 피지 않는다고, 잡초만 무성하다고, 괴로워하지 말길 바란다. 언젠가 당신의 꽃이 향기롭고 무성하게 피어날 것이다.

고통이 완전히 없어져 당신을 둘러싼 불행한 일들이 해결되고 비로소 완벽해졌을 때 행복해 질 수 있다고 생각할지도 모른다. 그러나 고통 속에서도 우리는 기뻐하며 행복할 수 있다. 질병의 근원을 치유하고 나서도 아직 남아있는 습관적 고통의 감각이 남아있을 수도 있다. 습관은 무의식의 영역에 깊이 파묻혀 있기 때문에 모든 습관은 치유 이후에 서서히 바로 잡히게 된다.

그러므로 고통의 진창에서 결코 무너지지 않기를 기원한다. 고통이 끝없이 이어진다 해도 완벽한 절망이 아니라는 것을 나는 이미 경험했다. 쉬지 않고 흐르는 강물처럼 계속해서 흘러가다 보면 마침내 치유의 완성을 이루고 삶의 꽃을 향기롭게 피워낼 것이다. 그것이 바로 완벽하지 않아도 완벽한 삶이 되는 길이다. 당신은 완벽하지 않아도, 지금의 모습 그대로 괜찮다. 내가 더 이상 완벽을 추구하지 않게 되었듯이 당신도 완벽해지려고 하지 말고 지금 이 순간의 자신을 받아들이고 편안해지길 바란다.

- 일, 외모 등 스스로 부족해 보이는 점도 일부러 하루에 한 번씩 칭찬해 본다.
- 완벽함에 대한 강박이 오히려 실패의 가능성을 부를 수 있다는 것을 인지한다.
- 나를 갉아먹는 수준의 완벽주의 성향이 있다면 그 원인 및 계기를 생각해 본다.
- 완벽주의가 어디서부터 시작되었는지 원인을 파악했다면 그것을 적어보고 하나씩 지워나간다.
- 그래서 원래 완벽주의를 추구하는 것이 진정한 나의 자아가 아니라 주입된 것이며 고칠 수 있다는 희망을 가지고 노력해 나간다.
- 무엇이든 한 번에 되지 않는다는 사실을 알고 조금씩 천천히 노력하며 작은 결과에서도 스스로를 칭찬해 준다.

영혼을 갉아먹는
시기와 질투

　몇 년 전 대한민국 최고의 수재들만 모인다는 카이스트대학교에 우울증과 관련된 특강을 간 적이 있었다. 당시 강연하기 일주일 전 카이스트 학생 한 명이 자살하는 충격적인 일이 벌어졌지만 학생들과 교수들은 특강에 무관심해 보였다.

　자신의 마음을 탐구하고 자살을 막자는 취지로 열린 강연이었지만 그 누구보다 비교 의식을 많이 느끼면서도 성공만을 향해 달려가는 학생들은 그러한 시간을 불필요하다고 느꼈던 것 같다.

　수재, 영재라고 불리는 명문대 출신의 학생들을 심리상담 할 때마다 그들에게 공통적으로 느낀 것은 타인(다른 학생)에 대한 비교와 열등감이 심하다는 것이었다. 세상에는 자신들을 부러워할 훨씬 많은 사람들이 있지만, 그들의 생각에 그건 중요치 않았다. 자신이 아직 뛰어넘지 못한 무수한 장벽들이 보이면서 스스로 더 초라하고 비참해질 뿐이었다.

심지어 그 중 한 학생은 "살아야 할 이유를 못 찾겠어요"라며 깊은 우울감과 무력감을 고백했다. 물론 여기에는 열등감뿐 아니라 다양한 심리적 질병과 학업 스트레스, 장래에 대한 불안감 등이 얽혀 있었다. 그는 자신이 겪고 있는 어려움에 대해 이렇게 털어 놓았다.

"대학교에 들어오기 전까지 공부로는 제가 최고인 줄 알았어요. 어렸을 때부터 똑똑하다는 소리만 듣고 자랐고 늘 전교 1등에 자신감도 넘쳤어요. 그런데 막상 명문대학교에 입학하고 보니 저랑 비교할 수도 없을 만큼 똑똑한 천재들이 너무 많은 거예요. 평생 누구한테 시기나 질투심을 가진 적이 없었는데 그런 감정을 처음으로 느껴봤어요. 별로 특별한 노력도 안 하는 것 같은데 뭐든지 척척 해내고 맞추는 애들이 너무 밉고 싫었어요."

그는 자신보다 더 뛰어나 보이는 친구들을 시기하며 자신이 아무것도 아니라는 과장된 자괴감에 빠져있었다. '자신도 늘 전교 1등만 하는 똑똑한 사람이면서 어떻게 그럴 수 있지?' 싶을 수 있지만 성적이 뛰어난 학생일수록 한 번 무너진 자존감을 회복하기가 어렵다. 그들은 누구보다 자신에 대한 기준이 높기 때문이다. 또 그만큼 자부심과 자존심이 세서 주변에서 큰 성과를 거두면 누구보다 예민하게 반응할 수밖에 없다. 하지만 그 예민함과 무너진 자존심은 괴로움만 더할 뿐 문제를 해결해 주진 않는다.

'만약'
더 좋은 학교에 갔더라면

나는 고등학교를 1등급으로 졸업했고 내 성적은 늘 상위권을 놓치지 않았다. 그 당시 시골에 살았던 나는 넓은 시야를 가르쳐 주지 않아 서울에 있는 좋은 대학교에 못 가게 된 것이라고 책임을 담임선생님에게 돌리며 수년 간 비통함에 빠져있었다.

"내가 서울대학교 사범대학을 갔더라면 지금의 내 인생은 달라졌을거야."

"충분히 갈 수 있었는데 아무도 가이드 해 주지 않았어. 선생님이 원망스러워. 비참해."

"나 자신도 너무 멍청했어. 나도 좀 더 알아보고 지방을 벗어나도록 했어야지.”

그 후 나는 자책감 속에 수없이 방황했고 시행착오 속에서 힘든 후회의 길을 가야했다. 더 좋은 대학교를 가지 못한 것은 나를 완벽하게 살게 해줄 모든 길을 막아버린 것이라고 생각했다.

서울에 있는 대학교에 지원하라고 하지 않은 담임선생님을 원망하는 말을 수없이 속으로 퍼부었다. 그러나 결국 그 잘못된 선택은 모두 내 책임으로 보였고 미움의 화살을 내게로 돌렸다. 자기혐오가 더욱 심해지고 매일 자책했다. 그때부터 내 인생이 다 망쳐졌다는 생각을 했었다. 그런 생각이 학벌 콤플렉스와 열등감으로 깊이 자리 잡기 시작했다.

석사와 박사 학위를 따고 나서도 출신 대학교를 중시하는 관습에 수없이 절망하기도 했다. '학벌 세탁'을 하기 위해 유학을 가는 사람도 있고 일류대학에 편입하는 사람도 있다. 지금 나온 대학을 입 밖으로 내뱉기조차 부끄러워하는 사람도 있다. 그것이 계속해서 지독한 열등감을 조장한다면 다른 대학교로 가는 것을 권하고 싶다. 그러나 어느 순간 그것이 인생에서 그렇게까지 중요하지 않다는 깨달음을 얻을 수도 있다. 나도 한 때는 학벌 콤플렉스에 힘들어했지만 뒤돌아보니 왜 그렇게까지 힘들어 했을까 하는 생각을 하게 됐다. 어떤 학교를 나왔든 상관없이 내가 원하고 가야 하는 방향을 찾았고 최선을 다해 공부해서 30여 년

동안 사람들의 마음을 치유해주는 일을 하고 있기 때문이다. 물론 그 과정에서 '만약에'라는 질문과 의심이 들 때도 있었지만 이제 그 질문은 의미 없는 것이 되어 버렸다. 내가 선택한 확고한 길을 지금 내가 걷고 있기 때문이다.

의외로 많은 내담자들이 학벌과 관련된 콤플렉스에 빠져 있다는 것을 알았다. 우리 사회는 인맥과 학벌에 의해 판단 받는 분위기가 여전히 팽배하다. 그러니 당신 잘못이 아니다. 그러나 거기에 계속 빠져 있는 것은 자기학대라는 사실을 기억하자.

자아존중감, 즉 자존감이 바닥나면 자기 확신이 부족해지고 미래에 대한 불안감도 자연스럽게 올라간다. 자신에 대한 기준이 높은 사람일수록 열등감에 민감하게 반응하기 때문에, 명문대 학생들이 오히려 더 큰 열등감을 느끼는 역설이 생긴다.

그런 학생들이 심리적 안정과 여유를 갖기 위해서는 스스로 '내가 지금 열등감 때문에 이렇게 고민을 하고 고통스러워하고 있구나'라는 인식을 먼저 한 뒤에, '나는 나고 저 사람은 저 사람'이라는 마음을 가져야 한다. 스스로를 열등한 존재로 인식하는 것을 멈춰야 한다. 다른 사람과 자꾸 비교하면 상대적 박탈감과 비참함만 커질 뿐, 긍정적으로 얻을 수 있는 효과는 미미할 것이다.

열등감이 질투를 일으킬 때
대처하는 법

열등감은 친구끼리 혹은 연인 사이에서도 빈번하게 발생하는 갈등 요소이다. 예를 들어, 내가 사귀고 있는 남자친구는 일반 회사 직장인인데, 가장 친한 친구가 얼마 전 만나게 된 남자는 대기업 직장인 혹은 전문직 종사자일 경우, 아무리 친한 친구라 하더라도 열등감이 생길 수 있다.

'아니, 쟤는 나보다 얼굴도 별로고 잘난 것도 없는데 어떻게 저런 남자랑 사귀지?'라는 생각이 드는 것이 인간이다.

또 내 여자친구는 명문대학교 출신으로, 현재 중소기업 규모의 회사 대표인데, 나는 평범한 대학교를 나온 회사 대리라면 그에 대한 열등감도 쉽게 발현돼 자신도 모르게 상대방에게 상처 주는 말을 할 수 있다. 그러면 상대방도 아마 이렇게 반응할 것이다.

"열등감 많은 사람처럼 왜 그래? 왜 그렇게 열폭을 해?"

이처럼 가까운 사이라 할지라도 학벌, 직업, 재산 등 열등감을 느끼게 할 요소는 너무나 많다. 그리고 이러한 열등감은 관계에 독이 되어 모두에게 상처를 주는 결과를 낳게 된다.

열등감이 많은 사람으로부터 내가 공격을 당할 때도 있다. 앞서 지안 씨의 경우처럼 열등감에 찌들어 있는 사람들은 언제, 어떤 식으로 상대방을 공격해 올지 알 수 없다. 예를 들어, 아침마다 상사나 직장 동료로부터 "그 머리 스타일 뭐야? 좀 이상하다", "그런 옷은 대체 어디서 사는 거야?", "○○씨는 똑똑한 줄 알았는데 가만히 보면 참 허당이야" 등 다양한 말로 당신에게 핀잔과 무안을 줄 수 있다.

하지만 그런 소리를 듣고 기죽거나 상처받을 필요 없다. 그들이 하는 모든 말들은, 바로 그들 자신에게 하는 소리임을 명심하라. 그리고 퇴근 후 집에 돌아와 끙끙 앓을 자신의 모습을 상상하며, (그러지 않기 위해) 그 즉시 맞받아쳐라. 꼭 독한 말로 할 필요도 없다.

"제 머리에(옷에) 되게 관심이 많으시네요?"
"어, 저 허당인 거 어떻게 아셨어요? 저랑 비슷하셔서 아신 건가?"

상대방의 지적을 부분적으로나마 인정하면서도, 공격인지 아닌지 애매한 말로 받아치면, 상대방은 순간 기분이 나빠도 자신이 먼저 한 말을 의식하게 되고 아무 말도 할 수 없게 될 것이다.

심리적으로 성숙한 사람은 이런 열등감을 순간적으로 느끼더라도 그것을 재빨리 인식하고 저 사람과 나의 차이를 그대로 인정한다. 그리고 저 사람이 어떤 조건을 가졌든 상관없이 '나는 나로서 존재한다'는 것을 받아들이고 그 사실을 존중한다. 그러한 외적 조건을 갖추지 않았을지라도 그런 조건으로 스스로를 함부로 규정하지 않는 것이다.

당신은 내게
상처를 줄 수 없다

포르투갈의 뛰어난 시인이자 작가 페르난두 페소아Fernando Pessoa는 저서 《불안의 책》에서 거지와 왕의 근본적 동일성을 언급했다. 가진 것 없이 비참한 생활을 영위하는 거지와 모든 영광과 권세를 지닌 왕은 그 사회적, 환경적 차이가 외면적으로는 거대해보이지만 결국 인간이라는 점에서 따분할 정도로 동일하다는 의미이다.

세계 최고의 부자도, 가장 예쁘고 멋있는 사람도, 가장 뛰어난 운동선수도, 가장 뛰어난 의사와 변호사도 자신을 매순간 '가장' 부자라고, 예쁘고 멋지다고, 뛰어나다고 생각하지 않는다. 오히려 객관적으로 완벽해 보이는 사람이 오히려 스스로를 가장 형편없는 인간으로 여기고 있을 수도 있다.

거시적인 차원에서 보면 제 아무리 대단해 보이는 인간이라 해도 우주적 관점에서 우리는 방에 굴러다니는 먼지 한 톨보다 더 미미한 존재이다. 인간의 존재 가치에 대해 폄하하려는 것이 아니다. **그 누구도 나의 영혼을 갉아먹게 할 만큼 대단하지 않으며 나 역시 큰 시기와 질투를 받을 만한 대상이 아니라는 것이다.** 이런 점을 떠올리면 열등감으로 치솟았던 분노가 가라앉으며 겸손한 마음이 들 것이다.

다른 사람이 스스로를 완벽하다고 여기든, 그렇지 않든 당신과는 상관없는 일이다. 당신은 당신으로서 존재하기 위해 이 세상에 태어났고 지금도 살아 숨 쉬고 있다. 그리고 죽는 순간까지 당신은 당신과 함께 살아야 한다. 중요한 건 다른 사람들의 '잘난 점'이 아니라 그저 '나'로 존재하는 것이다 그러니 다른 사람을 시기할 것도, 질투할 것도 없다. 배울 점이 있으면 배우면 되고 뛰어난 점이 있으면 그 뛰어남을 인정하고 칭찬해주면 된다. 건강한 열등감은 그렇게 당신의 자존감을 높여줄 자산이 될 것이다.

- 나를 공격하는 상대방의 말을 일일이 곱씹지 말고 그 순간 가벼운 질문으로 맞받아쳐 본다.
- 타인을 공격하고 질투하는 사람은 곧 그만큼 스스로를 부정적으로 생각하고 있는 것으로 인식하고 쓸데없는 상처를 받지 말아야 한다.
- 시기, 질투로 내게 상처를 계속 주도록 가만히 있거나 수동적 공격을 하지 말고 이성적으로 대처해야 한다.
- 내가 공격하면 더 심한 공격이 올 수 있으므로 그 상처가 내게 오고 있다는 사실을 상대에게 주지시킨다. 예를 들면, "그 말은 제게 상처가 되네요. 그렇게 말하지 말아주실래요?"라고 말한다.

열등감에 의연하게
대처하는 법

　평소 열등감이 많은 사람인지 적은 사람인지 어떻게 쉽게 알 수 있을까? 답은 '분노'에 있다. 분노는 열등감을 가장 민감하게 감지하는 센서다. 어린 아이든, 성인이든, 자존감이 낮고, 열등감이 높은 사람일수록 쉽게 짜증을 내고 분노하는 경향이 있다. 그래서 스스로 다른 사람의 별 의미 없는 말에 불쑥 불쑥 화가 치솟거나 지나치게 짜증이 난다면 '나는 자존감이 낮고 열등감이 높구나'라고 자가 진단을 할 수 있다. 자존감이 높으면서 열등감이 높을 수는 없다. 또 반대로, 자존감이 낮은 사람이 열등감도 낮거나 없는 것도 불가능한 일이다.

　자신의 열등감에 대처하기 위해서는 그 열등감을 애써 외면하거나 함부로 덤벼들지 말고, 먼저 냉철하게 어떤 지점에서 열등감을 느끼는지 정확히 스스로 파악하는 것이 중요하다. 무엇이 당신의 열등감을 유발하는지, 어떤 말들이 거슬려 잠 못 들게 하는지, 언제부터 그랬는지 등을 최대한 객관적으로 생각하고 자세히 노트에 적어보자.

치유받지 못한 상처가 키운 열등감

자신도 모르게 무의식적으로 타인을 무시하는 사람들이 있다. 문제는 스스로는 이 사실을 모른다는 것이다. 그런 사람은 심리적 문제로 인해 내면의 품성이 일그러져 실은 타인에게 하는 것만큼 자신을 무시하고 싫어하는 사람일 수 있다. 자신의 열등감으로 타인에게 화를 내면서도 "내가 언제 화를 냈냐?"고 소리친다. 심지어 그런 사람은 다른 사람들이 왜 자신을 싫어하는지도 모른다.

앞서 말했듯 타인에게 함부로 하는 사람은 실은 자신에게도 함부로 대하는 것이나 다름없다. 자신의 문제를 인지할 수조차 없는 사람은 결코 그 문제를 해결할 수 없다. 아무리 가까운 주변인이라도 그 사람을 고치거나 감당할 수 없을 것이다. 열등감으로 타인에게 분노를 퍼붓는 사람은 비록 그 화를 내는 순간에는 자신이 힘이 세다고 느낄 수 있지만 실은 전혀 그렇지 않다. 그 사람은 화를 내기 전 이미 심리적 주도권을 상대에게 쥐어준 셈이기 때문이다. 화를 낸 당사자는 자신의 분이 풀리면 자신이 이겼다고 생각하며 의기양양하게 그 자리를 떠난다. 하지만 곧 깊은 내면에서는 '내가 왜 그랬지?' 하는 찝찝한 감정이 올라올 것이다. 나보다 잘난 것 같은 바로 그 사람 때문에 내지 않아도 될 화를 내며 자신의 인성을 밑바닥까지 드러냈으니 그런 감정이 드는 게 당연하다. 그의 내면에는 엄청난 상처가 겹겹이 쌓여 있을 것이다. 그 상처를 그대로 두는 한, 그 상처에서 비롯된 분노와 불안, 열등감은 사라지지 않을 것이다.

자존감은 높아질 수도, 낮아질 수도 있다

병적인 열등감에 빠지지 않고 나로서 괜찮은 사람이 되려면 근본적으로 성숙한 인격체가 되는 방법뿐이다. '뭐, 다 그냥 그렇게 사는 거지', '자존감만 높이면 돼'라는 식의 순간적이고 단순한 대처는 소용없다. 그런 대처는 오히려 '괜찮지 않아도 난 괜찮은 사람'이라는 자기기만에 빠질 수 있다.

대체 보이지 않고 만져지지도 않는 자존감을 어떻게 높일 수 있다는 걸까? 다른 심리적 문제를 해결하지 않고 그대로 두면서 '자존감만' 높이는 방법은 없다. 그게 설사 가능하다 해도, 그렇게 만든 자존감은 위기가 오면 모래 위에 지은 집처럼 금세 무너지고 말 것이다. 그렇게 만든 '거짓 자존감'은 결국 무엇을 위한 것인가?

우리는 그날그날의 기분과 상황에 따라 자존감이 높아지기도 낮아지기도 한다. 기분이 좋은 날에는 똑같은 사람을 봐도 열등감을 적게 느끼고, 다른 날에는 열등감이 폭발하기도 한다. 그러므로 성숙한 인격체로 성장한다는 것은 자존감을 높이는 것보다 훨씬 근원적이고 영구적인 의미를 갖는다. 자신이 어떤 부모에게서 태어났으며, 어디서 성장했고 어떤 대학교를 나와 어떤 직업을 가졌는지는 상관없다.

왕이든 거지든 자신의 존재를 가치 있게 여기는 사람이 위대한 사람이다. 다른 사람과의 비교와 세상이 정해놓은 기준은 끊임없이 우리 존재의 가치를 깎아먹고 형편없는 것으로 만들곤 한다. 그렇게 낮아지는 자존감과 열등감을 심리적으로 돌봐주고 치유하는 것이 성숙한 인격체로 나아가는 길이다.

자존감,
성숙한 사람이 되는 길

성숙으로 가는 길은 각 사람에 따라 다양하게 펼쳐진다. 그 사람이 앓고 있는 심리적 병증에 따라 다르고, 각 사람의 상황과 환경에 따라 다르고, 결핍된 정서에 따라 다르다.

그러나 확실한 것은 성숙을 향해 가는 것이 우리의 삶을 풍요롭게 해 준다는 것이다. 나의 성숙은 내 가족의 행복을 보장해 준다. 배우자의 성숙은 건강한 부부의 삶을 가능하게 해 주며 자녀를 올바르게 양육하게 하는 자양분이 된다.

성숙한 인격을 가진 사람은 자신과 타인, 그리고 삶에 대해 친절한 태도를 갖고 있다. 진정한 친절은 겸손과 지혜를 담고 있다. 때와 장소, 상대를 제대로 파악하지 못한 친절은 오히려 상대방에게 상처를 주는 무례한 일이 되기도 한다.

자신과 타인에 대한 친절은 곧 자신과 타인에 대한 존중이다. 심리적 병이 깊고 열등감이 높은 사람은 자신과 타인에게 친절하지 못하다. 여기서 친절이란 인사하기, 칭찬하기 등 타인에게 좋은 사람으로 비춰지기 위한 가식적인 친절을 뜻하는 것이 아니다. 가식적인 친절은 의도적으로 애를 써야 나오는 것이지만, 나와 타인의 인격에 대한 친절은 무의식적으로 나오는 성품이다.

나는 오늘 회사나 학교에서 그 혹은 그녀에게 친절했는가? 다시 말해, 그의 결점이나 혹은 (나를 초라하게 만드는) 장점에도 불구하고 그를 존중했는가? 이 질문이 중요한 이유는 이 질문에 대한 답이 곧 스스로에 대한 존중으로 연결되기 때문이다. 인격의 성장은 당신의 삶을 점점 더 빛나고 아름답게 만들어 줄 것이다. 그렇게 성장한 당신이 만나게 될 열등감은 조금도 당신의 자존감을 해치거나 기분을 나쁘게 할 수 없을 것이다. 애초에 당신이라는 존재를 열등하게 할 만한 것이 없을 것이기 때문이다.

이런 나를
사랑할 수 있을까

"스스로를 사랑하세요."
"자신을 사랑하는 방법을 배우세요."
"그 누구보다 자신을 사랑해야 합니다."

언젠가부터인가 자존감과 함께 자신을 사랑하라는 뜻의 '러브 유어셀프Love Yourself'가 유행어처럼 번졌다. 유명한 강연자, 방송인, 연예인들이 흔히 하는 말이기도 하다.

입만 열면 "사랑받고 자란 사람들이 부럽다"고 말하는 내담자가 있었다. 수진 씨는 어렸을 때 부모에게 사랑을 넘치도록 받은 사람들만이 자신을 존중하고 사랑할 수 있을 거라고 믿고 있었다. 수진 씨의 부모님은 맞벌이에 지쳐 그녀에게 충분한 관심과 사랑을 줄 수 없었다. 이후 부모님은 수진 씨가 고등학교에 다닐 때 결국 이혼을 했고 부모 중 누구도 그녀를 제대로 보살펴주지 않았다.

그런 수진 씨에게 가장 친한 친구는 늘 부러움의 대상이었다. 그 친구에게는 직업도 좋고 자상한 아빠, 늘 살뜰하게 살림을 잘하는 엄마가 있었다. 수진 씨가 친구 집에 놀러갈 때마다 친구의 엄마는 맛있고 정성스러운 간식이나 정갈한 밥상을 차려주었다. 당시 수진 씨는 '정상적인 집에서는 이렇게 밥을 먹는구나' 하고 놀란 적이 많았다.

고등학교와 대학교 시절 친구의 행복하고 완벽해 보이는 가정을 바라보던 그녀의 마음은 수시로 비참했다. 행복해지려 그동안 한 노력도 곧 부끄럽고 참담하게 무너져 내리는 기분이었다. 그 친구에게 자신도 모르게 열등감이 폭발할 때는 이성을 잃을 정도였다. '유년시절의 부모님의 사랑'이라는 단 한 번뿐인 기회를 잃어버렸다고 여긴 그녀는 그로 인해 늘 열등감에 휩싸여 의기소침한 시간을 보냈다.

"쟤는 사랑받고 자랐으니까 공부도 잘하고 예쁜 게 당연해. 나는 그러지 못했어. 나한테 세상은 정말 불공평했어. 내 부모님도 원망스럽고 사랑 받지 못한 나 자신도 끔찍해. 정말 이런 열등감도 지긋지긋 해."

수진 씨의 민감함과 신경질에는 그녀의 수치, 모욕이 살아온 날들의 주름보다 더 깊게 패여 있었다. 상처와 상처는 부딪힐수록 더 깊고 고통스러운 파열음을 냈다. 그녀는 나를 찾아와 어느 날 이렇게 말했다.

"자신을 사랑하라는데 어떻게 이런 나를 사랑할 수가 있죠? 얼굴이 완벽하거나 능력이 뛰어나거나 똑똑한 사람들이나 자신을 사랑할 수 있는 것 아닌가요? 왜 다들 자신을 사랑해야 한다고 하는지 모르겠어요. 그냥 유행어 같아요."

왜 우리는 자신을 사랑해야 할까? 왜 사람들은 자신을 사랑하는 것의 중요성을 말하기 시작했을까? 누군가를 사랑할 때 그가 완벽해서 사랑하는 것은 아니다. 사랑을 하게 되면 그 사람의 결점마저 받아들이게 된다. 그에게 부족한 점이 있다는 것을 알게 되더라도 그 자체로 사랑스러울 것이다. 사랑 안에는 그에 대한 한계 없는 신뢰가 포함되어 있다.

어렸을 때 부모나 친구, 가까운 사람들에게 받은 사랑과 관심이 부족했더라도 상관없다. 누구에게나 사랑받고 싶고 사랑하고 싶은 본능이 있다. 제대로 된 사랑을 받지 못한 채 자란 사람도 누군가에게 자신의 마음을 다한 가장 순수한 사랑을 줄 수 있다. 자신에게 그러한 사랑을 적용해 보라. **상처받을 위험에도 불구하고 기꺼이 사랑하기로 결심한 한 사람의 엄청난 용기와 지혜, 인내를 당신에게 적용하라.** 그러면 당신이 가진 열등감도, 그토록 원했던 높은 자존감마저 초월한 고귀한 사람이 될 것이다.

열등감 극복의 대가로 높은 자존감을 바라는 것은 궁극적인 목표가 될 수 없다. 자존감이 높아지면 그 다음은 무엇인가? 당신은 왜 자존감 높은 사람이 되길 원하는가? 이제 자존감 그 너머를 바라보아야 할 때다.

나를 사랑해야
타인도 사랑할 수 있다

영국 드라마 〈플리백〉에서 결혼식 주례를 하게 된 신부는 이렇게 말한다.

"사랑은 끔찍합니다. 고통스럽고 무시무시해요. 사랑은 본인을 의심하고 지적하게 만들고 다른 사람들과의 관계를 망쳐버리기도 하죠. 모두 사랑하길 원하지만 막상 하게 되면 지옥 같아요. 많은 사람들이 이렇게 말해요. '옳게 느껴진다면 쉬워진다'라고. 근데 전 이 말이 진짜인지 모르겠어요. 옳은 게 뭔지 알아내려면 힘이 필요해요. 사랑은… 나약한 사람들은 하지 못합니다."

누군가의 사랑이 간절히 필요한 의존적인 사람들은 오히려 누군가를 사랑하기 더 어렵다. 진정한 사랑은 용감한 자들만이 할 수 있다. 용감한 자들은 남을 사랑하기 전에 먼저 자기 자신부터 사랑한다. 그러니 스스로를 사랑하기로 용기를 내기 바란다. 사랑 받을 존재라는 것을 용감하게 인정하기 바란다. 자기 자신을 왜 사랑해야 하냐고 묻는다면 '당신이 사랑 받을 존재이기 때문'이라는 말 밖에는 해줄 수 있는 말이 없다.

완벽하게 예쁘거나 잘생기지 않아도, 스스로 느끼기에 충분히 능력이 뛰어나지 않아도, 때로 괴물 같은 열등감이 튀어나와 나를 집어 삼키려고 해도 당신은 자신을 지켜줄 수 있다. 사랑이라는 완벽한 무기가 있기 때문이다. 열등감을 물리칠 수 있는 가장 강력한 무기는 사랑이다. 사랑은 나약한 단어가 아니다. 스스로를 깊이 사랑한다면, 당신은 당신에게 그 자체로 절대적인 희망이자 유일한 의미가 된다.

자신을 사랑하는 사람은 부족함을 채우기 위해 노력하는 한편, 다른 사람의 (그 자신의 열등감으로 인한) 비난, 혐오, 조롱 섞인 시선 때문에 자기혐오에 시달리지 않는다. 미처 해결하지 못한 열등감마저 초월하게 하는 것이 사랑이다. 나의 못나고 연약한 모습마저 초월하는 것은 사랑밖에 없다. 그 사랑 안에는 존중, 믿음, 지혜, 인내가 모두 포함되어 있다.

그저 '사랑 받고 자란 사람'이라는 과거형에 매이지 말고 현재 그리고 앞으로 '사랑 받는' 자신을 바라고 만들어가길 바란다.

- 내가 무엇에, 어떤 상황에서 열등감을 느끼는지 인식하는 것이 중요하다.
- 외부 조건이 만든 왜곡된 자아상을 거부해야 한다.
- 단순히 자존감만 높이면 된다는 단편적인 방법보다는 나 자신의 인격을 성숙시키는 근원적인 방법을 향해 나아가야 한다.
- 그 방법은 사람마다 다를 것이므로 나에게 맞는 방법을 찾아 지속적으로 인내를 가지고 노력하는 것이 중요하다.
- 그러나 아무리 노력해도 열등감을 완전히 없앨 수 없다는 사실도 받아들인다.

돈은
나의
가치를
대신하지
않는다

경제적 열등감

'펜트하우스'라는 치솟은 욕망과 열등감

"수백억이 있어도, 100층 펜트하우스에서 살아도 기를 쓰고 더 높이 올라가려는 게 인간이야!"

드라마 〈펜트하우스〉에 대한 인기가 대한민국을 휩쓸었다. 해당 드라마는 국내 최고급 주상복합아파트 헤라팰리스를 배경으로 인간의 끝없는 욕망을 다루고 있다. 헤라팰리스에서 높은 층에 살수록 사회적, 경제적 지위가 높은 사람이라는 것을 증명한다. 특히 헤라팰리스의 맨 꼭대기 층, 펜트하우스에 사는 사람은 그 중에서도 최고의 부와 명예를 가진 인물로 평가받는다. 대한민국 사람이라면 누구나 헤라팰리스에 입주하는 것이 꿈이고 극 중 서민층에 속한 여자 주인공은 돈과 사회적 지위에 대한 열등감을 적나라하게 보여준다.

그러나 헤라팰리스 고층에 사는 인물일수록 더 높은 곳으로 가기 위해 수단과 방법을 가리지 않는 모습을 드라마 속에서 볼 수 있다. 그들의 욕망은 자신이 속한 층수에 머무르지 않고 끝없이 더 높은 곳으로 올라가도록 만든다. 맨 꼭대기 층에 살고 있는 남자 주인공 역시 괴물, 아니, 악마에 가까운 인물로 자신이 가진 것은 철저히 지키면서도 더 많이 가지려고 발악하는 인간이다.

헤라팰리스에 거주하는 주요 인물들은 돈이 자신의 가치를 증명한다고 철저히 믿는 사람들이다. 헤라팰리스에 거주할 수 없는 사람들에 비하면 그들이 가진 재산과 명예는 엄청난 것이지만 그들이 느끼는 욕망과 더 부유한 자에 대한 열등감은 오히려 용광로처럼 활활 불타고 있다. 어떤 면에서 열등감은 그들이 더 많이 갖고, 더 높이 올라가는 원동력처럼 보이기도 한다.

이와 비슷한 주제를 가진 영화로 〈하이라이즈〉가 있다. 런던 최첨단 고층아파트 하이라이즈에는 고소득층 사람들만이 입주할 수 있다. 하이라이즈의 고층 입주자이자 건축가는 정원에서 백마를 키우는 등 일반인이 상상할 수 없는 부와 권력을 쥐고 있다. 또 하이라이즈의 입주민들은 파티를 열어 매일같이 사치와 향락을 즐기며 자신들이 지닌 특권을 자랑하고 누리기 바쁘다.

봉준호 감독의 영화 〈설국열차〉가 하층민과 상층민이라는 계급을 '열차'라는 수평적 구조로 설정했다면, 〈펜트하우스〉와 〈하이라이즈〉는 그 계급을 수직으로 세운 구조다.

이처럼 밥을 먹고 잠을 자는 일상의 공간을 계층, 신분별로 나누어 인간의 욕망을 적나라하게 보여주는 드라마나 영화는 매우 다양하다. 하지만 그 드라마나 영화 속 주인공들은 앞으로 전진할수록, 위로 올라갈수록 더 풍족하지만 더 허기진 욕망을 느끼게 된다. 채우면 채울수록 배고픈 그 욕망은, 수평이든 수직이든 욕망의 지옥이 되어, 자신을 향해 기어 올라오는 인간을 삼키려 입을 벌리고 있다. 드라마든, 영화든 현실을 반영하는 것은 사실이며 때로는 현실이 드라마나 영화보다 더 거짓처럼 느껴질 때가 있다.

자본주의 시대의 가치

특히 돈에 대한 열등감은 자본주의 시대를 살고 있는 우리에게 치명적인 요소로 작용한다. 지금 당장 TV나 인터넷 뉴스만 봐도 매일 일어나는 범죄의 태반이 돈과 관련돼 있다는 걸 알 수 있다.

사람들은 돈 때문에 누군가를 해치고, 상처를 입기도 하며, 반대로 사람들로부터 대접받는다. 또한 누군가에게 무시당하지 않기 위해, 상처받지 않기 위해 기를 쓰고 돈을 번다. 돈을 인생의 목표로 삼은 사람들은 자신의 가치가 돈에 달려 있다는 생각을 멈추지 않는다.

돈은 추상적이면서 이중적인 면을 갖고 있다. 당장 지갑에서 꺼낸 천 원, 만 원짜리의 지폐를 볼 수는 있지만 주식, 예금 등 우리가 직접 보거나 만질 수 없는 추상적인 물질이기도 하다. 동시에 생활을 위해 없어서는 안 될, 반드시 필요한 것이지만 생계에 부족함이 없는 선을 넘어가면 (사치 등 과소비를 위한 목적을 제외하고) 쓸모없는 것이기도 하다.

그런 돈이 나의 가치를 정말로 대신할 수 있을까? 물론, 돈은 생활을 위한 필수요소이고 많으면 많을수록 좋다고 생각한다. 언제 어떻게 될지 알 수 없는 불안정한 인생에서 돈은 우리의 삶을 보호하는 안정망이 될 수 있기 때문이다.

한 심리학 연구조사에 따르면, 돈으로 인한 행복 또는 쾌락은 양이 아닌, 0에서 1이 되는 그 질적인 순간에 일어난다고 한다. 예를 들어 20년 동안 반지하에서만 살던 사람이 마침내 햇살이 잘 드는 아파트에 입주하게 됐을 때의 질적인 변화가 행복감을 불러일으킨다는 것이다. 그것이 바로 0에서 1이 되는 순간이다. 비행기 이코노미석만 타던 사람이 난생처음 일등석에 앉게 됐을 때의 행복도 이와 마찬가지다.

그러나 그 질적인 변화가 끝나고 양적인 변화가 일어나면, 그 양이 얼마나 더 늘어나든 상관없이 그가 느끼는 행복감에는 큰 변화가 없다고 한다. 비행기 일등석에 앉게 된 사람은 이제부터 죽는 순간까지 여행을 다닐 때 일등석에만 탈 수 있게 된다 해도, 그 행복감은 처음 0에서 1이 된 순간만큼 크지 않다는 뜻이다.

연봉이 2,500만 원에서 어느 날 5,000만 원이 된 사람은 엄청난 행복감을 느끼겠지만, 그 이후 연봉이 6,000만 원, 8,000만 원, 1억 원에 달하게 되고 어느 정도의 경제적 수준이 갖춰지면 더 이상 전처럼 질적인 기쁨은 느낄 수 없게 된다.

이처럼 돈이 더 이상 충분한 행복감을 주지 못할 때 우리는 다시 자신의 가치를 내세울 무언가를 찾게 된다. 어떤 사람은 더 많은 돈을, 또 다른 사람은 명예나 유명세를 찾을 것이다. 또 어떤 이들은 더 큰 행복을 누릴 수 있으리라 믿으며 마약에 빠지기도 한다. 한번 빠지면 헤어 나오지 못할 거짓 행복을 찾는 것이다.

많은 돈은 그만큼 당신을 화려하게 만들어 줄 수 있다. 누구도 섣불리 무시하지 못할 외적인 화려함을 갖추게 할 수도 있다. 어쩌면 죽을 때까지 다른 사람들로부터 대단한 인물로 평가 받고 부러움을 살 수 있을 것이다. 비록 그 내면은 공허하고 황폐하더라도 말이다.

결국 살아가는 데 필요 이상의 돈은 그 돈을 과시할 대상, 즉 타인이 없으면 휴지조각에 불과하다.

1,000만 원이 넘는 명품 가방을 사고, 3억 원이 넘는 슈퍼카를 갖고 있어도 만약 다른 사람에게 보여줄 수 없다면 그래도 사람들은 그것을 이토록 욕망할까? 다른 사람과 나를 구분할 수 있는 희소성이 없다면 명품은 그 가치를 잃어버릴 것이다.

그녀가 샤넬백을
포기한 이유

아이러니하게도 훌륭한 인격과 인품을 갖추는 것보다 많은 돈을 얻는 것이 더 쉽다. 근본적으로 자존감을 높이는 것보다 돈으로 명품을 사서 온 몸에 휘감는 것이 더 손쉬운 방법이다. 돈으로는 훌륭한 인격도, 높은 자존감도 살 수 없기 때문이다.

모두가 어려운 불경기인 만큼 돈, 명품으로 자신을 과시하는 데 이만큼 좋은 때도 없다. 그래서 명품 시장은 경제적 불황에도 거침없이 성장하고 있다.

최근 명품에 대한 생각을 전환한 한 한국인 유튜버의 말이 인상 깊었다. 그 유튜버는 한 때 신상 샤넬 가방이 갖고 싶어서 그

Chapter 4. 돈은 나의 가치를 대신하지 않는다

동안 월급을 모은 돈으로 백화점에 갈 생각에 설렜다고 한다. 그녀가 원하는 샤넬 가방의 가격은 거의 1,000만 원에 달했다. 하지만 그녀는 꼭 그 가방이 갖고 싶었고 나도 다른 여자들처럼 명품 가방 하나는 가져야 한다고 생각했다. 그런데 백화점에 가기 직전, 순간 머릿속에 어떤 생각이 스쳤고 그 순간 명품 가방에 대한 욕구가 사라졌다고 한다. '여기가 외국이었어도 내가 이 가방을 이토록 무리해서 사려고 했을까?'

그녀는 유튜브 영상을 통해 "여기가 만약 한국이 아니라 영국이나 미국이었다면, 아무도 다른 사람이 뭘 입든, 뭘 메든 별로 관심을 두지 않기 때문에 샤넬 같은 명품 가방을 원하지도 않았을 것"이라고 말했다. 그 말은 이곳이 다른 사람의 시선을 매우 신경 쓰는 한국이라서 명품 가방이 필요했다는 의미와 같았다.

그녀는 자신이 원했던 샤넬 가방이 다른 사람의 욕망을 반영한 자신의 '거짓 욕망'이라는 것을 깨달았다. 그리고 그 가방을 든다고 자신의 가치가 상승하는 것도 아니라는 것을 알게 됐다. 1,000만 원에 달하는 그 명품 가방은, 명품 가방을 갖고 다니는 나에 대한 다른 사람들의 '부러운 시선 값'인 셈이다. 나에 대한 그 부러움과 시기어린 시선을 사기 위해 1,000만 원을 들이는 게 그만한 가치가 있을까?

물론 자기만족을 위해 명품을 사고 모으는 사람들도 많다. 또 자신이 좋아하는 물건을 사기 위해 그것이 원동력이 되어 열심히 일을 하고 꿈을 꾸는 긍정적인 효과도 있다. 그러나 여기서 짚고자 하는 것은 나의 초라한 본 모습을 감추기 위해 돈을 이용하고 또 다른 사람의 경제적 능력을 시기해 극심한 열등감을 느끼는 경우이다.

돈이 정말로 나의 가치를 대변한다면 우울해하거나 자살하는 부자들은 없을 것이다. 돈뿐 아니라 명예나 인기가 나의 존재를 정당화한다면 자살하는 연예인들도 없을 것이다. 그러나 모두가 알다시피 그런 안타까운 비극은 늘 일어나고 있다. 돈은 돈에 대한 또 다른 문제를 낳고 복합적인 삶의 문제도 끊임없이 발생시킨다. 돈은 우리 삶에서 반드시 필요하지만 그렇다고 인생의 고통을 완벽히 차단하는 방화벽은 아니다. 돈 역시 다른 요소처럼 삶에서 균형을 잘 잡아야 하는 부분인 것이다.

돈은 나의 가치를 대신하지 못한다

인간이 태어나 최소한 정상적인 생활을 영위할 수 있는 안락한 공간에서 자신을 먹이고, 입히는 일은 세상에서 가장 중요하고 훌륭한 일이다. 그것을 위해 우리는 어렸을 때부터 교육을 받았고 성인이 되어 자신이 맡은 일을 열심히 수행하며 사회의 건강한 일원이 되려고 한다.

하지만 돈과 자신의 가치를 동일시하는 왜곡된 생각에 사로잡혀 나와 타인을 비교하게 되면 걷잡을 수 없는 지옥이 펼쳐질 수도 있다. 돈에 중독되면 마약에 중독되는 것처럼 쉽게 끊어낼 수가 없다. 그저 더 갖지 못한 열등감에 휩싸여 괴물처럼 변해갈 뿐이다. 이미 우리가 접한 수많은 드라마와 영화, 책과 뉴스가 그것을 증명하고 있다. 돈이 당신의 가치를 정해주지 않는다는 것을 말이다.

당신의 존재 가치를 정하는 것은 돈이 아닌, 돈을 버는 당신이다. 또한 그 돈을 가지고 당신이 하는 행위이다. 자신과 가족들을 먹이고 입히려고 돈을 버는 당신은 돈으로 할 수 있는 최고의 가치를 실현하고 있는 셈이다.

나보다 돈이 많고 여유로운 사람을 보면 부럽고 때로 괴로울 수도 있지만 저 사람이 가진 돈도 그저 돈일 뿐, 저 사람의 가치 전체를 대변해 주진 않는다. 그러니 당신이 가진 돈이 곧 당신의 가치라는 생각에서 벗어나 스스로를 자존감이라는 자리 위에 굳게 세우길 바란다.

경제적인 열등감에 대처하는 TIP

- 돈에 대한 욕망이 다른 사람의 욕망을 투영한 것은 아닌지 스스로 생각해보자.
- 돈으로 인한 행복은 찰나의 쾌락일 뿐이다.
- 돈보다 중요한 것은 돈에 대한 당신만의 정의와 가치관이다.
- 무엇보다 자신의 열등감을 직면하는 것이 중요하다.
- '돈이 많으면 열등감이 모두 없어지겠지'라는 생각은 잘못된 사고라는 것을 깨달아야 한다.
- 돈은 열등감을 결코 해결하지 못한다는 사실을 잊지 말아야 한다.

명품으로 사치하는
사람들의 심리

20대 후반의 사회초년생 희수 씨는 24개월 할부를 해서라도 꼭 명품백을 사야 하는 명품 쇼핑 중독자였다.

"남들이 다 들고 있는데 저만 없으면 안 되잖아요. 뒤처지지 않으려고 사는 거예요."

희수 씨는 자기 자신이 초라해 보일까 봐 주기적으로 명품 쇼핑을 했다. 명품 가방 한두 개 사는 것으로 만족이 된다면 괜찮지만, 계속 빚을 지는 등 감당할 수 없는 상황에서도 희수 씨처럼 한 달에 몇 개씩 가방을 사야 한다면 열등감으로 인한 쇼핑 중독을 의심해봐야 한다.

희수 씨의 명품 쇼핑은 곧 자신의 열등감 해소의 방편이었다. 처음엔 100~200만 원 짜리를 사는 순간 도파민이 분비 돼 짜릿한 행복감을 느꼈지만, 곧 그 정도 가격으로는 성에 차지 않아 300만 원, 500만 원 짜리의 명품을 사야했다.

끝없이 치솟는 가격, 그런 명품을 갖고 다니는 사람들이 자기 위에 무수히 있다는 생각 때문이었다. 희수 씨도 머리로는 더 이상 이렇게 살면 안 된다고 생각했지만, 이미 쇼핑에 길들여진 자신을 통제할 수가 없었다. 명품을 사기 위해 은행 대출에 카드 돌려 막기로도 모자라 대부업체에까지 손을 뻗으려 했다. 그녀는 자신이 걸치고 입는 명품이 곧 자기 자신이고, 그렇게 갖추는 것이 당연하다고 여겼다.

이렇듯 열등감은 그저 기분이 나쁜 정도에서 그치는 것이 아니라, 어떤 사람에게는 경제적인 파탄에 이르게 하는 무서운 심리적인 병이다.

명품에 대한 욕구가 비단 경제생활을 하는 성인들에게만 있는 것은 아니다. 최근 10대 청소년들 사이에서는 자신의 개성을 표현하는 일환으로 유명 연예인이 착용한 고가의 옷이나 신발을 부모에게 사 달라고 하는 경향이 두드러지게 나타나고 있다.

"엄마, 나도 톰브라운 카디건 사 줘. 차은우가 입었대. 다들 명품 하나씩 갖고 있는데 나만 없잖아." 이 경우 아이들에게 명품은 마치, 그 옷을 입으면 자신도 연예인처럼 멋있어지고 또래 친구들에게도 인정받을 수 있는 수단이 된 셈이다. 막무가내인 아이들을 설득하기란 쉽지 않고 수많은 부모들이 힘들어 하고 있다.

하지만 이럴 때일수록 차근차근 아이에게 자신의 존재가 얼마나 중요한지 각인시켜주고 남이 하는 것을 따라하는 것에 대한 진지한 토론을 하면 좋겠다. 여기서부터 아이는 자신의 자아를 발견하고 자존감을 키우게 될 것이다. 그런 명품들이 없어도 열등감을 느끼지 않을 자존감을 어릴 때부터 키워주는 것이 필요하다.

쇼핑 중독에 빠진
사람들의 착각

월급의 대부분을 명품 쇼핑에 쏟아 붓는 내담자 경희 씨가 있었다. 그녀는 의사 아버지와 변호사 어머니 사이에서 태어나 풍족한 어린 시절을 보냈고 이후 외국에서 명문대학교를 나와 연봉이 높은 외국계 회사에 들어갔다.

부족한 것 없이 자란 경희 씨였지만, 물건에 대한 욕구가 남달랐던 탓에 학창 시절 친구들이나 대학 동기, 회사 동료가 뭔가 비싸고 좋은 물건을 사면 그것이 견딜 수가 없어 퇴근 후 백화점을 돌며 그들이 가진 물건보다 더 비싼 것을 사야 직성이 풀렸다.

그녀의 SNS는 명품 가방, 시계, 구두, 옷 사진 등으로 가득했고 어제보다 '좋아요'를 적게 받으면 그 스트레스로 잠을 잘 이루지 못했다. 그래서 경희 씨는 신용카드의 한도를 높여 카드를 돌려 써가며 최신상 명품을 사 모았고, 나중에는 부모님의 신용카드를 빌려 필요도 없는 비싼 물건을 사 전시하듯 사진을 찍어 SNS에 올렸다. 경희 씨는 해당 게시물에 표시되는 '좋아요'의 개수만큼 사랑을 받는 기분이 든다고 했다. 또 직장에서 누군가 "경희 씨, 그 가방 너무 예뻐요. 어디서 샀어요?"라고 칭찬을 하면 그게 너무 기뻐서 하루 종일 들뜬 기분으로 일하게 된다고 했다.

하지만 어느 날 자신의 SNS에 달린 댓글이 그녀의 내면을 관통했다.

'꼭 내세울 게 없는 애들이 겉모습에 집착하더라. 한심해.'
'이게 다 마음이 허하니까 명품에 매달리는 거겠지.'

돌이켜보면 백화점에서 그 물건을 갖기 위해 신용카드를 결제하는 그 순간과 그 물건을 갖고 다니는 며칠만 기쁜 마음이 들었지, 그 쾌감은 한 달은커녕 일주일도 채 가지 않았다. 경희 씨는 마음이 공허해지기 무섭게 또다시 쇼핑을 해야 그 마음을 외면할 수 있었던 것이다. 평소 출근할 때 머리끝부터 발끝까지 중형차 한 대 값은 거뜬히 나가는 치장을 하곤 했지만 그녀 내면의 무게는 너무나 가볍고 얕았다.

"저는 쇼핑을 해야 외롭고 허무한 마음에서 벗어날 수 있어요. 스트레스도 풀리고요. 그래서 어제보다 조금이라도 더 비싼 물건을 사고 새로운 물건이 나오면 가장 먼저 사야 돼요. 그래야 사람들이 나한테 관심을 가져주고 날 괜찮은 사람, 능력 있는 여자로 인정해 주거든요. 실제로 그런 효과가 있는 것 같아요. 제가 저 스스로를 거울로 봐도 그럴듯해 보이니까요."

경희 씨는 이렇게 말했다. 하지만 명품으로 채워지는 만족감이 사실 아무것도 아니라는 건 그녀 스스로도 이미 잘 알고 있었다. 그녀는 한국에서 보낸 초등학교 시절, 짝꿍으로부터 "야, 네 필통은 왜 그렇게 더러워? 가난하고 공부도 못하는 애들이 쓰는 필통 같아"라는 핀잔을 들었고 고작 필통 때문에 가장 친한 친구로부터 핀잔을 들어 심한 수치심을 느꼈다. 당시 짝꿍의 필통은 투명 비닐에 영어가 쓰여 있는 세련된 필통이었다고 한다.

그 뒤로 경희 씨는 누가 뭐라 하지 않아도 필요 이상으로 자신의 소지품과 옷차림에 신경을 썼고 성인이 될수록 더욱 더 타인의 시선을 의식하게 됐다.

'어제 입은 코트를 오늘도 입으면 없어 보이겠지?'

'이 가방이 얼마짜리인지 알아채겠지?'

'어제 산 이 구두를 신고가면 예쁘다고 해 주겠지?'

'우리 부서 여직원들이 다 부러워하겠지?'

나는 쇼핑 중독에 대한 그녀의 심리와 감정을 이해하면서도 그녀가 그 중독에서 빠져나와 건강한 자아상을 되찾길 바랐다. 경희 씨는 명품 쇼핑으로 사치를 해 왔던 자신을 또 탓했지만, 어쨌든 그 쇼핑을 하면서 근본적으로 명품에 대한 집착이 자신의 문제를 해결해 줄 수 없다는 걸 깨닫는 과정이었기에 나는 그녀에게 스스로를 나무라지 말라고 조언했다.

"예전에는 명품을 가진 사람들을 보면 너무 부럽고 질투가 났어요. 근데 이젠 길거리에서 명품 가방을 든 사람을 보면 다 옛날의 저처럼 보여요. 저 사람도 나 같은 심리로 명품에 집착하고 있는 걸까? 그래서 얼마나 만족하고 있을까? 저 만족이 얼마나 갈까? 하고요. 명품이 바로 나 같은 사람들을 공략하기 위해 만들어지고 있다는 생각도 들어요. 이젠 명품이 없어도 내 존재 자체가 명품이라고 생각하고 싶어요. 다른 사람을 의식하는 건 끝도 없이 진이 빠지는 일이에요. 정말 이젠 지쳤어요."

Chapter 4. 돈은 나의 가치를 대신하지 않는다

백화점을 돌아다니면서 쇼핑할 때는 몰랐지만, 쇼핑을 그만두자 경희 씨는 그동안 체력적, 정신적으로 자신이 얼마나 위험한 수준으로 힘들었는지 깨달았다. SNS에 그동안 올린 사진들, 그 사진마다 달린 하트 수도 그저 허무하게만 느껴졌다.

명품으로 채울 수 없는 심리적 공허

명품 시장에서는 타인과 나는 다르며, 다른 사람보다 내가 훨씬 특별하고 우월하다는 심리가 특히나 더 강렬하게 작용한다. 애초에 타인과 나를 구별, 아니, '차별' 짓기 위한 심리가 아니었다면 이토록 명품 시장이 다양하고 활발하게 성장하지 못했을 것이다.

진짜와 흡사할수록 값이 올라가는 짝퉁, 그 짝퉁을 가져서라도 갖고 싶은 명품. 뛰어난 품질과 역사성, 예술성이 깃든 명품을 좋아하고 소비하는 것은 전혀 잘못된 것이 아니다. 만약 명품이 정말로 인생과 영혼의 공허함과 고달픔을 채워줄 수 있다면 얼마나 좋을까. 정말 그렇다면 누구든 빚을 내서라도 명품을 사려고 할 것이다.

하지만 자신의 경제적 상황을 넘어 명품 소비에 집착하게 된다면, 혹은 경제적인 여력이 충분하더라도 내면의 공허함을 채우고 타인의 열등감을 자극하기 위한 목적으로 명품 쇼핑 중독에 빠져 있다면, 나에게 부족한 건 신상 명품이 아니라 돈으로는 살 수 없고 눈으로 볼 수 없는 무언가일지도 모른다.

그 무언가는 자존감, 내면의 행복감, 충만감 등 사람마다 다양할 것이다. 근본적으로 그것을 채우지 않는다면 명품은 그저 내 영혼을 더 초라하게 만드는 값비싼 겉치레에 불과할 것이다.

우리는 살면서 매일 매일, 익숙하거나 새로운 열등감을 느낀다. 다른 사람의 물건, 직업, 외모, 능력, 집, 차 등등 열등감을 느끼게 하는 것들은 일상에 깔려 있다. 당장 TV만 틀어도 나보다 잘 사는 사람들이 채널 마다 쏟아져 나온다. 그 모습을 보고 있으면 나도 모르게 스스로를 한심하고 초라하게 느끼게 된다.

하루치의 열등감을 그날그날 해소하지 않으면 나도 모르게 그 열등감이 내면에 고착되어 단단한 콤플렉스가 된다. 그렇게 생긴 여러 가지 콤플렉스는 점점 나를 지배해 나갈 것이다. 그것이 내 인생을 얼마나 망가지게 하겠는가.

- 명품에 집착하게 된 계기에 대해 생각해본다.
- 명품을 좋아하는 솔직한 이유를 종이에 적어본다.
- 타인의 시선 때문에 명품을 사려고 한 적이 있는지 생각해보고 왜 그것이 중요한지 적어본다.
- 친구들 중에 명품백 하나 없는 사람이 없어서 모임에서 혼자 외톨이 같은 마음이 드는 것은 아닌지 살펴본다.
- 결국 다른 사람의 부러움을 사기 위해 명품에 집착하는 것은 아닌지 생각한다.
- 타인과의 비교심리는 더욱 열등감을 부추기는데 명품을 산다고 그것이 해결되지 않는다는 사실을 적고 읽어본다.

연봉과 자존감의
관계

"희망 연봉을 말해 주세요."

처음으로 회사에 입사하거나 경력을 쌓아 이직하게 되면 반드시 거치는 절차가 있다. 바로 연봉 협상이다. 인터넷에 검색하면 연봉 협상을 어려워하는 사람들이 올린 수많은 고민과 그에 대한 경험자들의 조언들이 많이 나오는 것을 볼 수 있다. 대부분의 사람들은 연봉 협상 앞에서 기죽고 작아지기 때문에 자신이 발휘할 수 있는 능력보다 더 낮은 금액을 말하는 경향이 있다.

'이 금액으로 말해도 되나? 속으로 날 비웃지 않을까?'

'날 뽑아준 것도 감지덕지인데 욕심내지 말자. 연봉이 낮아도 이 정도면 먹고 사는 데 지장 없잖아. 열심히 하면 내년엔 좀 더 올려주겠지.'

'이 정도 연봉을 달라고 말하면 일을 훨씬 많이 시킬지도 몰라. 적게 받고 적게 일하자.'

'내 주제에 무슨 연봉을 올려달라고 하겠어.'

하지만 그저 낮은 연봉을 제시한다고 해서 회사나 대표가 '아, 이 친구가 참 겸손하구나. 능력에 비해 낮게 연봉을 부르다니 회사 사정도 알아주고 참 기특하네. 좀 더 높여줘야지'라고 생각하는 것은 결코 아니다. 오히려 '어? 능력 있고 잠재력이 있어 보여서 뽑았는데 별로 자신감이 없나 보네?'라고 판단할 확률이 더 높다.

또 연봉이 생각보다 좀 더 높다고 해서 그만큼 반드시 더 일을 많이 시키는 것도 아니고, 낮게 책정이 됐다고 해서 그만큼 업무 강도를 배려해 주는 것도 아니다. 회사에서 노동력을 대가로 주는 돈은 나의 인격권에 대한 존중이자, 노동이라는 신성한 가치에 대한 정당한 대가이다.

그러니 자존감과 자신감을 일부러 스스로 깎아내리면서 무리하게 연봉을 낮추지 말자. 그건 입사자나 회사 모두에게 장기적으로 좋은 선택이 아니다. 회사는 정당한 수준의 임금을 지급해 직원을 존중하고 능력을 발휘할 수 있는 기회를 줘야 하며, 직원은 자신에 대한 회사의 존중과 믿음을 기반으로 책임감 있게 최선을 다해 맡은 바를 수행하면 된다.

하지만 그런 회사가 생각보다 많지 않다는 것에서 문제가 생긴다. 기본적으로 자신이 뽑은 직원들을 신뢰하지 않는 회사 대표는 당연히 신입 직원에게도 큰 기대나 믿음을 갖지 않는다. 그래서 소위 '단물만 빼 먹고 버리자'는 식의 생각으로 쉽게 뽑고 임금이나 복지 등 제대로 된 대우를 해 주지 않는다.

대표가 직원을 파악하듯, 직원도 자신에 대한 회사의 생각을 귀신처럼 잘 알고 있다. 그래서 최선을 다해 일을 할 생각도, 의욕도 사라지게 된다. 적당히 경력을 채우고 나가거나, 도저히 다닐 수 없을 지경의 끔찍한 갑질을 당하다 뛰쳐나가는 경우가 허다한 이유다.

그런 회사에 어쩌다 운 좋게 능력이 뛰어난 직원이 입사해도 (바로 그 뛰어난 능력과 통찰력으로) 회사의 실상을 파악한 직원은 금세 회사를 나가 버리고 말 것이다. 그러는 동안 그 회사는 고만고만한 크기를 유지하며 언제나 고만고만한 성과를 거두겠지만 말이다.

근본적으로 회사 대표가 자존감이 높고, 인성과 능력이 출중한 인재를 바라보는 눈을 가지고 있다면 좋겠지만 그렇지 않을 경우 내 연봉과 자존감 모두를 챙겨야 할 사람은 바로 나 자신이다.

정당한 대우를
받지 못했을 때

30대 초반의 수진 씨는 나이와 경력에 비해 터무니없이 낮은 연봉으로 한 중소기업의 행정관리 직원으로 입사했다. 자기 위에 팀장도 있고 팀원들도 여러 명 있었지만 늘 일을 실수 없이 신속히 진행하는 수진 씨에게 점점 과도한 업무가 주어졌다.

몇 달을 견디던 수진 씨는 대표와의 면담을 청해 '일이 너무 많아 힘들다'는 말을 조심스럽게 말했지만 그럴 때마다 대표는 '수진 씨가 늘 수고해주는 것 안다. 미안하고 고맙게 생각한다'는 말만 돌아왔다.

수진 씨의 대표와 팀 내 직원들은 모두 수진 씨의 업무 성과와 성실성을 인정하면서도 그녀의 어려움을 모른 체했다. 그저 늘 묵묵히 일만 하는 그녀를 보며 그러려니 하는 식이었다. 그녀를 도와주겠다고 했다간 자기 업무만 늘어날 수 있으니 다들 그냥 눈치만 보며 지켜봤던 것이다.

얼마 뒤, 수진 씨는 큰 용기를 내어 대표에게 다시 면담을 요청했다.

"제가 회사 규모와 사정을 생각해서 낮은 연봉으로 들어왔지만 생각했던 것보다 너무 많은 업무가 주어지는 것 같습니다. 저보다

이 회사에 오래 계신 팀원도 못 다루는 프로그램이 많고, 그래서 저 혼자 많은 일들을 꼼꼼히, 빨리 처리하고 있어요. 이 점은 대표 님께서도 잘 알고 계실 것 같습니다.”

그녀는 지금까지 본인이 수행했던 일을 차분히 대표에게 설명했다. 그리고 도저히 힘들어서 안 되겠으니 자신은 사직서를 내야겠다고 정중히 말했다. 그러자 뜻밖에도 대표는 그녀의 월급을 이달부터 파격적으로 올려주고 연봉 재계약을 하자고 제안했다. 수진 씨가 전혀 예상하지 못한 상황이 벌어진 것이다. 대표의 입장에서는 이만한 직원을 다시 뽑기도 어렵고 그녀가 예상보다 충분히 더 일을 잘 하고 있어 그 정도 월급을 올리는 건 손해도 아니었다.

수진 씨는 처음에 자신이 하는 일이 별 것도 아니고 그냥 참고 일하면 된다고 여겼다. 회사 내의 모두가 다 그렇게 생각하고 있다고 여겼다. 하지만 생각과는 달리 매일 자존감이 무너졌고 ‘고작 이 월급을 받으려고 이 고생을 하나’ 하는 괴로움에 빠졌다. 그래서 결국 회사를 그만 둘 생각을 하고 대표에게 마지막으로 자신의 자존감을 챙기려 면담을 한 것이었다.

그 결과는 수진 씨의 예상과 기대를 뛰어넘었다. 그녀는 전보다 월급을 더 많이 받으면서도 업무를 조금 덜면서 일할 수 있게 되었다. 물론 월급을 많이 받는다고 전혀 힘들지 않은 건 아니었지만 전보다 자신감과 만족감을 더 느끼며 일하게 됐다.

내 가치를 정할 수 있는 건
자신밖에 없다

대표나 상사가 수긍할 만큼의 액수이면서도 자부심을 갖고 일할 수 있을 만큼의 돈을 받아야 일하는 동안 나의 자존감이 훼손되지 않는다. 그 적정 수준의 연봉이 얼마일지는 각자 다르고, 스스로 책정하는 게 처음이라면 더욱 어려울 것이다. 그래도 주변의 상황과 다른 사람들의 경우를 참고해 합리적인 연봉을 제시해야 한다. 그 합리적인 연봉의 기준은 간단하다. 내가 이 돈을 받고 이 일을 하면 비참해질까? 아니면 나름의 자부심을 갖고 일할 수 있을까?

'에이, 내가 무슨 이 돈을 받을 수 있겠어. 내가 하는 일이 뭐라고….'

우리는 다 연약해서 너무나 쉽게 스스로의 능력을 평가 절하하는 경향이 있다. 하지만 당신은 이미 능력을 인정받아 입사 시험에 합격했으며 연봉 협상이라는 최종 단계에서 결코 스스로를 일부러 낮출 필요가 없다.

아무리 하찮은 것이라도 당신이 하는 모든 일은 중요하며 그 일을 맡은 당신도 중요하다. 정당한 임금은 단순히 생계를 책임지는 화폐가 아니라, 당신이 중요한 인물이라는 것을 인정하고 존중한다는 실질적인 의미를 갖고 있다. 그렇기 때문에 당신은 당신의 가치를 증명해야 하는 순간일수록 한 발 더 나아가 용기를 내야 한다. 나의 가치를 대변해 줄 수 있는 사람은 오직 나뿐이기 때문이다.

자존감을 지키는 연봉 협상 대처 TIP

- 나에 대한 판단이 두려워서 일부러 연봉을 낮게 부르지 마라.
- 당신이 하는 모든 일은 의미 있으며, 따라서 정당한 대가를 받는 것이 옳다.
- 당신의 자존감을 지킬 만한 수준의 보수를 받아라. 적어도 정당하게 요구하라.
- 요구하기 전에 지레 겁을 먹고 당신의 권리와 자존감을 포기하지 마라.
- 정당한 대가가 주어지지 않는다고 생각될 때 회사에 가기 싫고 일에 집중하지도 못하게 되는데, 이것은 자신과 회사 모두에 손해라는 사실을 기억해야 한다.
- 자기 자신을 스스로 존중하지 않으면 누군가 알아서 존중해주지 않는다는 사실을 명심해야 한다.
- 만약 연봉이 적절한 수준으로 합의되지 않는다면 과감하게 이직을 생각해도 된다.
- 당신의 이직이 그 회사로서는 인재를 잃게 된다는 것이므로 당당해지자.

모두에게
좋은
사람일
필요 없다

관계 열등감

가끔은 이기적이어도 괜찮다

    다른 사람을 너무 배려하느라 혹은 배려하는 척 하느라 너무 많은 시간과 에너지를 소모하는 사람들이 있다. 실제로 마음이 착하고 여려서 늘 타인을 배려하는 사람들도 있지만, 그 상대방이 친구든 애인이든 늘 맞춰주지 않으면 자신을 떠날까 봐 두려워서 잘 해주는 경우도 많다.

    열등감이 높은 사람은 자존감이 낮은 경우가 많다. 자존감이 낮은 사람 중에는 매사에 주눅이 들고 소심해 보이는 사람들이 많아 남들에게 만만하게 보일 수 있다. 심리적인 지지와 안정이 필요하지만, 가정이나 사회에서 만만한 취급을 받으면 더 열등감이 깊어지고 자존감은 더 바닥을 치는 악순환을 겪게 된다.

나를 수렁으로
몰아넣는 관계

선미라는 이름의 한 여성이 있었다. 그녀는 너무 오랫동안 혼자 살아서 외로움이 병이 된 여성이었다. 그러던 어느 날 꿈처럼 자신을 사랑하는 사람을 만나 결혼하게 되었다. 결혼하면 모든 외로움이 사라질 것이라고 굳게 믿었던 이 여성은 몇 달 지나지 않아 더욱 외로워졌다.

무심한 성격의 그 남편은 선미 씨의 깊은 외로움을 이해하지 못했다. 그 깊은 슬픔을 이해하지 못했다. 때때로 어두워지는 표정을 보며 위로는커녕 오히려 힐난했다. 그리고 다른 가정의 아내들처럼 왜 얌전히 살림을 못 하냐며 비난하기도 했다. 그녀는 결혼한 것을 후회했다. 자신의 남편이 자신을 지켜주지 못한다는 사실을 깨닫고 더욱 큰 슬픔에 휩싸였고 우울은 더욱 커졌다.

'다른 친구들은 좋은 남편을 만나서 잘만 사는데 나는 왜 이럴까? 난 왜 이렇게 쓸모없는 인간으로 태어났을까?'

선미 씨의 자존감은 매우 낮았고, 그 상태가 너무 오래 지속돼 고착화 되어 있었다. 그녀는 모든 힘이 소진될 때까지 남편에게 헌신과 노력을 다했지만 결국 살아야 할 모든 이유와 의욕을 상실하게 되었고 마지막으로 상담실로 나를 찾아왔다. 나는 단번에 그녀의 슬픔과 영혼의 통증을 알아보았다.

그러나 선미 씨의 남편은 병적인 부부 관계를 회복시킬 변화 자체를 거부했고 지금까지 살아오던 방식과 아내에 대한 태도를 바꾸기 싫어했다. 무엇보다 남편은 아내가 심리상담을 통해 자존감이 높아지는 것을 불편해했다. 그동안 자신의 말에 고분고분한 아내로만 살다가 갑자기 심리상담치료를 받으면서 어떤 변화가 생긴 것 같아 괜히 화가 나고 불안해진 것이다.

이제 선미 씨는 결단해야 했다. 지금처럼 남편에게 모든 것을 맞춰주면서 살지 아니면 과감히 이 병든 관계를 청산하고 새로운 삶을 시작할지 말이다. 심리상담을 통해 내면의 힘을 기른 선미 씨는 후자를 택했다. 자신을 끊임없이 비참하게 만드는 남편에게서 벗어나 자신의 문제를 해결하기 위해 온 힘을 다했다.

그녀는 남편의 반대 때문에 포기했던 사회복지학 석사 및 박사 공부를 시작했고 몇 년 뒤, 지난 과거를 돌아보며 "그때 그 남자에게서 벗어나지 않고 그 삶을 계속 살았다면 아마 저는 죽었을 거예요"라고 말했다.

관계에도
노력이 필요하다

가족, 친구, 연인 등 어떤 관계든 아름답게 유지하려면 상호간의 노력이 필요하다. 인간은 관계를 맺지 않고는 살 수 없을 만큼 외로운 존재이기 때문이다. 슬픔과 외로움이 없는 사람은 없을 것이다. 결핍과 고통도 마찬가지다. 거대한 우주의 한 점 같은 이 작은 별 지구에서는 매일 매 순간 새로운 상처가 생기고 무수한 고통이 넘쳐나고 있다. 어쩌면 오늘 내 곁을 스쳐간 누군가는 우주를 범람할 만큼의 거대한 상처와 슬픔 속에서 고통스러워하는 사람이었을지도 모른다.

사람들은 어떻게든 결핍과 슬픔을 견디기 위해 의식적으로 혹은 무의식적으로 사랑을 찾고 있다. 때론 용감하게, 때론 처절하고 비참하게 사랑을 찾아 걸어간다. 내가 지켜주고 또 나를 지켜줄 사랑을 찾기 위하여 온 영혼의 에너지를 모아 찾아 나선다. 그 사랑은 때로는 가족일 수 있고, 때로는 연인일 수도 있고, 친구를 향한 것일 수도 있다.

《아직도 가야할 길》의 저자 M. 스캇 펙Morgan Scott Peck은 "진정한 사랑에는 지혜와 책임이 반드시 뒤따라야 한다"며 사랑에 대한 헌신과 노력을 강조했다.

이처럼 모든 관계는 저절로 유지되는 것이 아니다. 사랑한다면서 상대방을 지켜주지 못한다면, 그의 내면을 공감하고 있는 그대로 받아들이지 못한다면 그것은 사랑이 아니다. 의미 없어진 관계를 붙잡고 놓아주지 않는 것도 사랑이 아니다. 그것은 이기적인 집착일 뿐이다. 앞서 선미 씨는 자신을 위해 처음으로 자신에 대한 남편의 집착을 끊어냈다. 이기적인 선택이었으나, 결코 이기적인 선택이 아니었다. 오히려 자신을 살리는 선택이었다.

부부 사이 외에도 친구, 연인 사이에서도 나 자신을 갉아먹으면서까지 상대방에게 모든 것을 맞춰주고 잘 대해주려는 사람들이 있다. 그들의 공통점은 상대방의 부탁을 거절하기 어려워하고 무슨 말이든 동의해주려는 상냥한 특징이 있다는 것이다.

그러나 상대방은 그런 상냥하고 따뜻한 특성을 이용해 자신의 부정적인 감정의 분출구나 배설구로 삼는 악영향을 주기도 한다. 그런 사람들에게 감정적으로 이용당하는 일이 지속되면 나 자신의 자존감도 내려가고 정작 정신적 지지가 필요한 순간 배신을 당하는 일이 벌어지기도 한다.

인터넷에서 '제일 친한 친구가 제 자존감을 자꾸 깎아내리는데 관계를 정리해야 되나요?'라는 글을 흔히 찾아볼 수 있다.

만나면 만날수록 나를 고통스럽게 하는 사람이 있다면, 그가 친구나 연인, 심지어 가족인 경우라도 나를 위해 단호하게 그 병적인 관계를 끊어낼 필요가 있다. 불필요한 죄책감에 사로잡혀 그 관계를 내가 책임지려고 하거나 그로인해 과도한 부담을 갖는다면 그 고통을 스스로 용인해 주는 셈이다. 이러한 관계는 결국 상대방에게도 좋은 것이 아니다. 상대방이 끊임없이 나에 대한 가해자 역할을 하게 만들기 때문이다.

또 단지 감정적 이용뿐 아니라 물질적, 신체적인 피해를 겪는 심각한 경우도 있다. 친구나 연인 간에 돈을 빌려 달라고 한 뒤 어렵게 거절하면 "넌 나를 진심으로 좋아하지 않는구나. 네가 정말로 나한테 진심이었다면 내 부탁을 거절하지 않겠지. 만약에 네가 도와달라고 했으면 난 거절하지 않았을 텐데"라며 비난하는 경우가 있다. 돈과 관련된 부탁에 단호히 거절할 수 있는 사람이 있는가 하면, 친한 사이일수록 거절하지 못하고 무리해서 돈을 빌려주고 되돌려 받지 못하는 경우도 너무나 많다.

한편, 회사에서 상사나 동료의 과도한 업무 지시가 떨어질 때, 혹은 자신이 맡은 업무를 아무렇지 않게 나에게 떠넘기려고 할 때 그저 꾹 참고 과로를 하게 되는 것도 흔히 벌어지는 일이다.

누군가는 그런 부당한 일을 두고 "그 정도도 못 참고 넘어가면 그게 사회생활이냐? 남들도 다 그렇게 살아"라며 합리화 하곤 하지만, 그렇게 부당함을 참을수록 오히려 더 사회생활에 미숙한 사람으로 낙인찍힐 가능성이 있다. 할 말은 정확히 하고 부당한 업무 지시는 정중하면서도 명확하게 표현해야 그 회사에서 나를 함부로 대하거나 평가하지 않는다.

때로 이기적으로
살 필요가 있다

'때로 이기적으로 살 필요가 있다'는 말은 다른 사람은 안중에도 없이 오직 내 편의와 이익을 위해서만 살아야 한다는 뜻이 결코 아니다. 스스로 나를 보호하고 지켜야 할 존재로 여기며 누군가 나를 해치려 할 때 기꺼이 나서야 한다는 뜻이다. 그렇게 하기 위해서는 부당하거나 곤란한 부탁을 거절하고 내 의사를 표현할 수 있는 '내면의 힘'을 키워야 한다. 내 안의 중심을 단단히 하면 할수록 그 내면은 강해지고 더 큰 힘을 발휘하게 될 것이다.

하지만 지금 그렇지 못한 자신을 탓하지 않길 바란다.

'왜 나는 이렇게 자존감이 낮지?'
'나는 어릴 때 사랑을 충분히 받고 자라지 않아서 남한테 이용이나 당하는 건가?'

마음속에 잘못 형성된 '자기개념'은 이렇듯 다른 사람에게 향해야 할 비판을 자신에게 가해 고통을 준다. 이 자기개념은 어느 날 갑자기 생기는 것이 아니라 세상을 경험해 나가는 과정에서 서서히 확립된다.

먼저 스스로를 긍정적인 존재로 대해야 다른 사람에게도 긍정적이고 존중받을 사람으로 여겨진다. 어릴 때 부모님의 잘못된 훈육으로 자존감이 낮은 아이로 자랐다 해도 얼마든지 스스로의 내면을 성장시킬 수 있다. 세상에 태어나 최초로 관계를 맺는 부모라는 존재는 그 중요성을 아무리 강조해도 과하지 않다. 그러나 그 부모로부터 인간으로서의 존엄함을 짓밟히는 어린 아이들이 너무나 많다. 현재 성인이 된 사람들 중에도 어린 시절 부모에게 정서적, 신체적 학대를 당한 사람들은 수없이 많을 것이다.

상대방을 감정적, 정서적으로 착취하고 집착하는 사람들은 그 안에 형성된 사랑과 존중에 대한 지독한 결핍이 있기 때문이다. 나를 힘들게 하는 사람이 가족이든, 친구든, 연인이든 이런 심각한 심리적 문제를 가졌다면 전문가에게 도움을 청하라는 조언이 최선의 방법이다.

다른 사람의 병적인 심리 상태에 섣불리 달려드는 것은 불길로 뛰어드는 것과 같다. 먼저 자신을 구해야 다른 사람을 살피고 돌볼 마음의 여유가 생긴다. 그동안 스스로를 너무 많은 상처에 방치해 둔 것은 아닌지 돌아볼 때이다.

- 가족, 연인, 친구 관계에서 내가 상대방의 감정 쓰레기통이 되어 이용당하는 것이 아닌지 관계를 되돌아본다.
- 부당하게 당한 일을 참고 합리화 하지는 않는지 스스로를 돌아본다.
- 어떠한 경우에도 스스로를 자책하지 말아야 한다.
- 자신에게 자꾸 뭔가를 요구하며 이용하려는 사람과의 관계를 점검하고 해결해야 한다.
- 거절의 힘을 키워야 한다.
- 그동안 사람들에게 휘둘리기만 했다면 힘과 용기를 내서 부드럽게 거절하고 더 이상 그렇게 말하지 말라고 말해야 한다.

열등감이
뿌리내리지 않게

열등감이 많은 사람만큼 옆에 있기 힘든 사람도 없다. 열등감이 높을수록 자존감이 낮고, 나르시시즘과 자기혐오가 뒤얽혀 자신과 타인을 못 살게 굴기 때문이다.

부모든 자식이든 연인이든, 우리는 누구나 살아오면서 누군가에게 상처받았고 수많은 실수를 했고, 수많은 잘못된 선택을 하며 살아왔다. 그렇게 상처를 받고 실수도 하며 인생을 살아가지만 병적인 열등감을 비롯해 우리 내면에 있는 심리적 문제를 얼마든지 해결할 수 있는 선택권이 우리에게 있고 그래야 할 의무도 있다.

하지만 열등감이라는 뿌리가 내면에 자라도록 내버려두는 사람들이 많다. 깊이 뿌리내린 열등감이 분노와 불안을 만났을 때 사람은 너무나 쉽게 '악의'에 차게 된다.

영화 〈조커〉에서 주인공 아서는 어린 시절 아동학대를 겪고 사회에서도 배척당한 불안정한 인물이다. 어린 시절부터 그의 엄마가 말해 준 것처럼 늘 '해피'하게 웃어야 하지만, 시도 때도 없이 터지는 웃음은 그에게 지옥 같은 공포이자 고통이다. 그래서 그는 웃으면서도 눈으로는 눈물을 흘리는 기괴한 자신을 끊임없이 견뎌야 한다.

국가에서 무료로 진행되는 복지센터 상담에서 그의 담당 심리상담사는 열등감과 망상에 사로잡힌 그의 마음을 조금도 헤아려주지 않는다. 결국 누구에게도 공감 받지 못한 채 무시만 당하던 아서는 "내 인생이 비극인줄 알았는데, 개 같은 코미디였어"라고 말하며 악에 대한 본능을 각성하게 된다. 그리고 자신의 열등감을 건드리고 비웃는 자들을 과감하게 처단하며 '안티 히어로'가 된다.

영화 말미에 조커는 자신을 환호하는 수많은 조커들과 함께 비로소 진정한 웃음을 얼굴에 그린다. 그의 내면에 묻혀있던 악을 각성하자 순식간에 커다란 악이 자라고 자신을 괴롭혔던 사람들을 무참히 살해하면서 더 대담한 악으로 비약되어간다. 그는 이제 돌이킬 수 없는 악마가 되어버린 것이다.

분노로 표출되는
열등감

열등감이 높은 사람이 상처를 깊게 받으면 각종 심리적 정신적 질병이 생긴다. 그렇게 생긴 심리적 우울과 불안을 극복하지 못하면 자신과 타인을 향한 분노와 악이 내면을 점령한다. 그런 사람들의 마음속에는 모두 복수심이 숨어있다. 자신이 복수하고 싶은 대상에게 누군가 대신 보복해줄 때 후련한 이유가 그 때문이다.

복수하는 영화가 계속 만들어지고 사람들은 그런 영화에 열광한다. 악당을 쳐부수는 히어로 영화나, 가족이 살해되었는데 경찰도 도와주지 않는 상황에서 혼자 직접 악당을 찾아가 복수하는 영화가 얼마나 많은가. 사람들은 그 처절한 스토리들을 보며 일상에서 내게 상처를 준 악인들을 나대신 찾아가 복수를 해주는 것처럼 여기며 후련해 한다.

영화 속에서 조커가 탄생하는 순간, 고담시의 으슥한 골목에선 막 부모님이 피살된 장면을 본 어린 브루스 웨인(배트맨)이 있었다. 아서 못지않게 어린 시절 끔찍한 일을 당했지만 그는 조커와는 완전히 다른 길을 걷게 된다.

그는 자신의 부모를 쏴 죽인 인간의 악한 힘을 온 몸으로 느꼈다. 그러나 복수심, 열등감, 분노로 악의 길을 걷는 대신 악의 포로가 된 자들과 맞서 싸우는 영웅, 배트맨이 된다. 훗날 조커와도 대립하게 되는 배트맨이 조커와 다른 점은 그가 자기 자신을 비롯해 사람 마음속에 있는 선한 본능을 믿었다는 것이다.

악을 모르는 자는 악과 싸워 이길 수 없다. 그는 이 사실을 누구보다도 잘 알고 있었다. 악은 언제나 악에 머물러 있을 뿐이며 이 세계를 떠받치고 있는 선한 힘을 조롱하며 세상을 망가뜨릴 뿐이다.

악의 길을 택한 조커들은 한때 자신이었던 무수히 많은 아서들을 고통당하게 하는 모순되고 뒤틀린 자들이다. 그들은 자신도 타인도 결코 불행하게 만드는 길을 걸어갈 뿐이다. 그리고 스스로 파멸의 지옥으로 걸어간다.

"브루스, 왜 우리는 떨어질까?"

영화 〈배트맨 비긴즈〉에서 우물에 빠진 브루스 웨인을 구하러 내려 온 그의 아빠가 한 말이다. 그 말은 브루스 웨인이 죽음보다 더 깊은 슬럼프에 빠졌을 때마다 그를 끄집어 올려주는 밧줄이자 배트맨 시리즈를 관통하는 중요한 메시지다.

왜 우리는 종종 차라리 죽는 게 나을 것 같은 고통에 빠질까.

지옥의 밑바닥을 경험한 브루스 웨인은 그 고통 덕분에 강인해졌고 추락한 후에 올라오는 법을 배워 악을 이길 수 있었다. 우

리가 삶에서 마주하게 되는 고통에 가장 큰 의미가 있다면 아마
도 그런 이유에서일 것이다. 고통이, 상처가, 슬픔이, 소외감이,
그밖에 무수한 아픈 감정들이 우리를 성장시키고 성숙하게 만든
다. 이런 깨달음만 있다면 말이다.

열등감을 정면으로 바라보기

열등감은 살아가면서 우리가 받았고, 앞으로 받게 될 수많은
상처의 한 발현이자 증상이다. 그것이 나와 타인을 망치는 악이
되지 않도록 경계하고 해결해야 한다.

'저 사람 때문에 너무 열등감을 느껴' 하는 나약한 생각이 아
닌, 그 감정을 두려워하지 않고 외면하려 하지 않는 담대함이 필
요하다. 그래야 우리 안에 열등감이라는 괴물이 더는 자라지 못
할 것이다. 열등감을 더는 두려워하지 말자. 그것을 드러내는 것
도 부끄러워하지 말자. 그래야 열등감을 넘어서고 자존감은 새
싹이 자라듯 시나브로 자라게 된다.

열등감이 내면의 지독한 독으로 자라나지 못하게 하는 TIP

- 열등감 때문에 수시로 고통스럽고 괴로운지 스스로의 기분을 관찰한다.
- 구체적으로 어디서, 어떤 심한 열등감을 느끼는지 생각해 본다.
- 열등감 때문에 수시로 짜증과 화가 나는지 살펴본다.
- 기분이 언제나 가라앉는 이유를 자기 자신에게만 돌리거나 자책하지 말아야 한다.
- 열등감을 매일매일 점검하지 않으면 억울함과 분노의 화신이 될 수도 있음을 깨달아야 한다.
- 내면의 독이 된 열등감이 다른 사람을 해치지 않았는지 성찰해 보아야 한다.
- 그래서 더욱 미움을 받게 되지 않았는지 생각해 보고 자신의 당당한 모습을 찾기 위해 노력해야 한다.

사람들 사이에서
편안해지는 법

코로나19 사태가 길어지면서 사람들의 마음엔 불안이 각양의 색채로 가라앉았다. 누군가에 대한 분노로, 혹은 누군가에 대한 혐오로, 스스로를 채근하며 애써 각자의 불안을 감추느라 애쓰며 살아가고 있다. 깊은 상처가 거듭되면 트라우마가 되듯이, 코로나 바이러스가 조금씩 모두의 트라우마가 되고 있다.

창밖엔 봄비가 내리고 있다. 봄비가 지나면 새로운 계절이 올 것이다. 계절은 변함없이 오고 가는데 눈에 보이지 않는 바이러스의 공포만이 새롭게 일상에 내려앉았고, 자연스러운 시간은 덜컥거리며 고장 난 시계처럼 우리를 위태롭고 불편하게 하고 있다.

모든 살아있는 것들은 종말을 두려워한다. 이 두려움은 본능이다. 개인의 종말, 국가의 종말, 세상의 종말, 이 모든 종말은 본능적인 공포를 부른다. 개인의 종말에는 누구도 예외가 없지만, 오늘도 사람들은 바이러스에 대한 불안 속에서 살아가고 있다.

한 내향적인 내담자는 코로나 팬데믹으로 사회적 거리두기가 강화되고 일상에서도 마스크를 쓰고 다녀 사람에 대한 불안감이 줄었다고 털어놓기도 했다. 재택근무로 사람들과의 갈등이 크게 줄었고 대면할 일이 거의 없어 오히려 자신 같은 내향적이고 소심한 사람이 살기 좋아진 것 같다는 것이다. 그 내담자는 "이제 내향인들의 시대가 열린 것 같아요"라며 농담을 하기도 했다.

전 세계 많은 전문가들이 인류는 코로나 바이러스 발생 이전 시대로 돌아가지 못한다고 한다. 사람들과의 관계도 확실히 전에 비해 달라진 양상을 보이고 있다. 일단 마스크의 의무 착용으로 인해 상대방의 얼굴을 제대로 볼 수 없게 됐으며 이는 의사소통에도 크고 작은 영향을 미친다.

1인 가구 시대에 재택근무까지 하는 사람의 경우 평소보다 더 사람들과 고립돼 살아갈 수밖에 없다. 사람들로부터 많은 상처를 받아 심리치료를 받는 내담자들은 이런 적막한 세상을 편안하게 느낄 수 있지만, 반대로 사회적 고립 때문에 코로나블루에 시달리는 사람들도 많다. 그 전에는 마음껏 즐겼던 야외 활동, 사회 활동을 아예 못하거나 제약이 생겼기 때문이다. 평소 우울한 사람은 더욱 우울해지고 정서적으로 침체되어 있다. 누구나 우울해질 수 있는 이 시기에는 특히 더 말조심을 해야 한다.

"힘내야지."

"너만 힘든 거 아니야. 너보다 더 힘든 사람도 많아."

"나도 그랬어. 너도 이겨내야지."

"네 감정을 잘 다스려봐."

"누구나 그런 때가 있어. 가족들을 생각해서라도 네가 강해져야지."

"언제까지 그런 열등감에 빠져 지낼 순 없잖아. 넌 할 수 있어."

이런 자신의 기준에서 던지는 위로의 말들이 누구에게나 도움이 되는 것은 아니다. 좋은 의미로 한 말이겠지만, 열등감과 죄책감으로 힘든 사람에게는 해선 안 되는 금기어와 같다. 더 상처만 줄 뿐인 섣부른 조언이나 참견은 하지도, 받아들이지도 말아야 한다.

우리는 모두 똑같은 사람이다

최근에는 우울을 넘어 사소한 일에도 분노하고 폭력을 휘두

Chapter 5. 모두에게 좋은 사람일 필요 없다

르는 코로나레드, 코로나블랙 현상이 많아진 것 같다. 이럴 때일 수록 환경과 공간에 상관없이 나 자신을 지키며 일상을 살아가는 연습이 필요하다. 그래야 대면이든, 비대면이든 주변 사람들과의 관계도 편안해질 수 있다.

인간의 불평등은 탄생에서부터 시작된다. 우리는 부모를 선택할 수도 없고 성장 환경을 선택할 수도 없다. 그러나 죽음은 모두에게 평등하다. 죽음이 다가올 시기가 누군가에겐 터무니없이 짧고, 또 누군가에겐 지겹도록 길 수도 있지만 우리는 결국 늙고, 약해지며, 죽는다. 하루빨리 코로나 바이러스가 종식되어 이 고통이 끝나야 하겠지만 장기적으로 생각하며 굳게 마음을 먹는 자세가 무엇보다 중요하다.

날마다 현관문을 나서기 전 마스크를 쓰는 순간, 누가 누구보다 잘났고 더 돈이 많은 게 중요한지, 누가 더 행복한 게 중요한지 생각해 보라. 저 사람이 나의 열등감을 건드릴지 불안하다면 그저 저 사람과 나는 창궐한 바이러스 앞에서 마스크를 써야 하는 똑같은 인간이라는 사실을 떠올리자.

누구도
당신의 우위에 두지 마라

가정이나 회사 사무실에서 누군가 때문에 늘 과도하게 긴장한다면 나를 긴장시키는 그를 나보다 심리적으로 더 우위에 놓기 때문이다. **자신도 모르게 상대방을 나보다 훨씬 우월하고 강한 존재로 여기면 늘 그 앞에서는 위축되고 더 그 관계를 혼자 짊어지느라 힘들 것이다.** 따라서 상대방에 대한 과도한 이상화를 하지 말고 나와 그를 동등한 인간으로 인식하는 연습을 해야 한다.

또 다른 사람과 비교하느라 이 소중한 일상을 허비하지 말고 누군가의 평가에 부들거리며 떨지도 말자. 누가 뭐라고 해도 자신에 대한 견고한 믿음만 흔들리지 않으면 된다.

생각해 보라. 당신을 평가하는 그도 완벽한 인간이 아니다. 비교대상인 그도 그늘과 어두움이 삶 속에 드리워져 있는 한 사람일 뿐이다. 그에게도 당신이 하고 있는 비슷한 고민이 있을 것이며 단지 드러내지 않을 뿐이다.

좋은 관계는 그 관계 안에서 받은 상처를 치유할 수 있다. 앞서 말한 것처럼 아무 이유 없이 대놓고 상처주거나 직설적으로 나를 비난하는 사람이 있다면 단호하게 끊어도 좋다. 그러나 대부분의 사람들은 깊이 알아가다 보면 장점과 단점을 골고루 가지고 있다는 사실과 그렇게 경계할 필요가 없다는 것도 알게 된다. 그러므로 무조건 단절하기 보다는 조금씩 가까워지려는 노력도 필요하다.

열등감은 자신의 자존감과 존재 가치를 아프게 하는 상처이다. 그러나 상처가 치유된 이후에는 자신에게 보석 같은 자산이 되어준다. 그리고 성장하게 하는 원동력이 된다. 그 상처가 일 년, 십 년, 혹은 그 이상 쌓이도록 방치하지만 않으면 된다.

지금이라도 자기 자신을 가엾게 여기며 한없이 사랑스러운 존재로 스스로를 인식하고 다독여주며 나아가자. 외로우면 외로운 대로, 슬프면 슬픈 대로, 조금씩 걸어 나가며 행복해지자. 내가 건강해지면 앞으로 생길 인간관계도 건강하고 아름답게 이뤄 나갈 수 있을 것이다.

사람들 사이의 관계를 위한 TIP

- 나를 긴장시키고 힘들게 하는 사람들을 심리적으로 우위에 두지 말자.
- 의식적으로 그와 내가 동등한 인격체라는 것을 인식하는 연습을 하자.
- 스스로의 감정을 돌보려는 노력을 하자.
- 타인에게 더 상처를 줄 수 있는 섣부른 조언은 하지도, 받아들이지도 말자.
- 내 열등감을 감추기 위해 쓸데없이 말을 많이 해서는 안 된다.

근본 없는 비난에
대처하는 자세

다른 사람이 자신을 어떻게 평가하는지를 매우 중요하게 생각하는 사람들이 많다. 아마 많은 사람들이 그럴 것이다. 그런 사람들은 항상 불안하고 긴장되어 있다. 그러나 타인의 기준과 평가에 따라 자신의 가치를 올리거나 내리는 것은 삶을 불행으로 물들게 한다. 누군가의 평가가 아니라, 자기 자신이 스스로를 정확하게 인식하는 것이 중요하다.

물론 우리는 타인의 건설적이고 진실한 비판을 담담히 받아들일 줄 알아야 한다. 그러나 그 비판이 정말 나를 위한 것인지, 나에 대한 열등감에서 비롯된 분풀이성 발언인지 잘 구별해야한다. 때로 상처주기 위한 비난을 일삼는 사람들이 있는데 그런

Chapter 5. 모두에게 좋은 사람일 필요 없다

사람의 조언이라면 마음에서 단호히 끊어내면 된다.

우리는 실제로 스스로 완벽한 존재여야 타인의 이 같은 비난으로부터 자유로워질까? 모든 상황과 현실이 완벽해야 할까? 나는 꼭 모든 게 완벽하고 늘 행복감을 느껴야 한다고 말하고 싶지 않다. 완벽함과 행복이 인생의 궁극적 목표라고 말하고 싶지도 않다. 어느 정도 불행하다 느껴도 괜찮다고, 당신을 둘러싼 모든 상황이 꼭 완벽하지 않아도 괜찮다고 말해주고 싶다. 실수를 잘하는 부족한 사람이라 느껴도 괜찮다고 말이다.

너에게 상처 주도록
내버려 두지 마라

사람이니까 슬퍼해도 괜찮고 외로워도 괜찮다. 무서워해도 괜찮고 불행하다고 느껴도 괜찮다. 그래도 살아가면 된다. 거대한 목표를 세우지 말고 완벽한 성공도 바라지 말고 그냥, 매 순간을 살아가면 된다. 비록 고통이 계속 된다 해도 말이다.

누군가 나에게 근거도 없이 그저 악의에 찬 비난을 한다면 그보다 고통스런 상황도 없을 것이다. 예를 들어 "○○씨는 왜 맨날 그런 식으로 사람 기분 나쁘게 말해요?", "오늘 얼굴 상태가 왜 그래? 같이 다니기 창피하게" 등의 비난을 들으면 대부분의 사람들은 불쾌한 기분을 느끼면서도 순간적으로 당황해서 제때 제대로 대처하지 못한다. 집에 돌아와 혼자 그 순간을 몇 번이나 되새기며 '그때 이 말을 했어야 했는데…'라며 끙끙댈 뿐이다. 하지만 또 그런 불쾌한 순간이 오면 번번이 당하기 일쑤다. 그게 또 억울해서 잠을 못 자는 악순환이 계속된다.

만약 그 말이 나에 대한 진심 어린 비판이나 조언이라면 논리적으로 받아들여 업무나 인격의 성장에 도움이 될 수도 있지만, 전혀 그런 게 아니라 자신의 열등감이나 불안, 분노로 상대방을 말로 짓밟으려는 사람의 비난이라면 그 순간 분명히 대처할 필요가 있다.

상대방을 제압하기 위해서라기보다는 나 자신을 보호하기 위해서다. 그 순간 당장 맞받아칠 말이 생각나지 않는다면 무슨 말이든지 되물으면 된다. "제가 어떤 식으로 기분 나쁘게 말한다는 말씀이시죠?", "지금 내 얼굴이 왜 이러냐고 했어? 내가 같이 다니기 창피하다고?" 이렇게 상대방이 한 말을 일단 똑같이 차분하게 되물으면 상대방은 자신이 한 무례한 말을 '인식'하게 된다. 그 다음에 그런 말이 어떻게 내 감정을 상하게 했는지 말할 기회와 시간을 벌게 된다.

심리상담을 받는 모든 사람들은 자신이 세상에서 가장 실패한 사람이라고 여긴다. 굳이 다른 사람의 비난을 받지 않더라도 이미 스스로를 패배자라고 생각한다. 그러나 나는 실패자가 아니며 누구나 이런 생각을 가질 수 있다는 각성의 시간을 반드시 가져야 한다. 누구에게나 그 사람만이 아는 고통이 있다. 그렇기에 누구도 쉽게 그 사람을 근거도 없이 비난할 권리는 없다. 그 누구에게도 '네 잘못이야'라는 비난을 할 수 없다.

자기 자신에게도 마찬가지다.

스스로에 대한 비난을 멈춰라

매일 곳곳에서 들려오는 소식은 암울하고 두려움을 주는 내용으로, 마음의 불안을 가중시키고 있지만 그럼에도 불구하고 당신은 이제껏 잘 살아냈다. 그 힘든 시간들을 지나오면서, 때로 쓰러지기도 했지만, 용기 있게 살아남았다. 그리고 이제는 자신을 껴안아 줄 때다. 늘 부족하고 못났다고 여기며 스스로를 비하했던 마음을 버리고 지금 이 순간 이 모습 그대로의 자신을 용납하며 받아줘야 할 때다. **나를 용서하고 이해해줘야 타인에 대한 비난도 멈출 수 있다.**

지금의 자신을 받아들이지 않기 때문에 자신에 대한 모멸감과 통증이 더욱 심해지는 것이다. 우리는 내일을 모른다. 내일은 어떻게 될 지 알 수 없다. 오늘을 아름답고 기쁘게 살면 된다. 내일은 또 오늘이 되고, 우리는 다시 그 오늘을 살면 된다.

고통 속에서 살아온 사람들은 늘 오지 않은 미래를 불안해하며 더 고통스러울 것이라고 전망하게 된다. 내일이 불안할수록 내일을 생각하지 말아야 한다. '오늘'이 중요하다. 오늘만 살아내면 된다. 고통 속에서도 용기를 내며, 힘을 내고 있는 자신을 대견하게 생각하고 안아줘야 한다. 나와 내가 처한 현실이 완벽해졌기 때문이 아니다. 내가 내 손을 잡아줄 수 있는 이유는 지금의 나 자신을 받아들였기 때문에 가능하다.

역설적이지만 마음속 고통이 다 치유되어야 기쁘고 행복한 삶을 살 수 있는 건 아니다. 슬픔이나 외로움이 다 사라지지 않아도, 자신이나 타인을 비난하거나 탓하지 않아도 우리는 행복하고 의미 있는 삶을 살 수 있다.

오히려 과거와 현재의 불안까지 끌어안으며 그 불안과 함께 살아가야 한다. 이 사실을 받아들인다면 타인의 근본 없는 비난에도 흔들리지 않는 '진짜 어른'이 될 수 있다.

다른 사람의 비난과 비판보다 더 무서운 것은 자신에 대한 끝없는 불신과 자책이다. 타인으로부터 주입된 부정적 정서와 생각을 담고 있으면 그런 생각들이 꼬리에 꼬리를 물고 이어져 스스로를 깊은 벼랑 아래로 떨어지게 만든다. 그래서 타인의 평가에 민감하게 반응하지 말고 내가 나를 존중하는 데 집중해야 하는 것이다.

당신은 이미 사랑스럽고 이미 존귀한 사람이다. 누가 뭐라 해도 말이다.

타인의 비난에 대처하는 TIP

- 스스로 완벽하지 않다고 해서 자책하지 말자.
- 자책하는 습관이 있다면 인식하고 버리도록 애써야 한다.
- 타인의 비난하는 말을 '질문형'으로 바꿔서 상대방에게 똑같이 되묻는다.
- 타인의 평가보다는 스스로에게 하는 평가에 더 신경을 쓰고 자신을 존중해야 한다.

있는
그대로의
나를
받아들이는
연습

열등감 극복 수업

비교하지 않는
연습

이 세상에 상처를 받고 싶은 사람은 한 명도 없을 것이다. 불행해지고 싶은 사람도 없을 것이다. 하지만 열등감을 느끼면 스스로를 불행한 사람이라고 여기게 된다. 이는 자신에게 끝없이 상처를 입히는 행위와 같다.

항상 비관적이고 부정적인 말만 하는 사람들이 있다. 자신에 대한 존중감이 낮고 열등감이 심한 사람은 세상에 대한 분노와 원망 속에 산다. 자신을 대놓고 비난하는 것은 견디기 힘들기 때문에 틈만 나면 타인을 비난한다. 사실 이것은 자신을 비난하고 학대하는 모습의 무의식적 반증인데도 그것을 알아차리는 사람은 많지 않다.

‘제대로 하는 것도 없으면서 왜 저렇게 나대지? 재수 없어.’

‘능력도 없고 형편없는 인간이야.’

‘진짜 혐오스러운 사람이네.’

그런 부정적인 말을 스스로에게 계속 하면 그 생각대로 삶이 부정적인 색채로 물든다. 부정적 정서는 습관이 되고 자신과 타인에 대해 부정적인 언어와 태도를 취하게 한다. 이것은 삶에 대한 왜곡된 시선으로 고착되어 스스로를 힘들게 한다.

너무 상처가 많아서 아무리 노력해도 부정적 감정만 흘러나온다면 심리상담전문가처럼 비밀이 보장되는 안전한 곳에서 부정적인 감정을 털어내는 것이 필요할 수도 있다. 그러나 가까운 사람에게 상처 때문에 생긴 부정적인 말을 거듭하게 되면 질리게 하거나 떠나버리게 만들 수도 있으니 주의해야 한다. 주변 사람들뿐 아니라 힘들고 아프더라도 자신에게 긍정적인 말을 계속해 주면 치유에도 도움이 된다.

피해의식에
빠져 사는 사람들

자신을 항상 피해자로 인식하는 것과 자기연민의 감정에서 벗어나야 한다. 항상 자신을 희생양이라고 생각하는 것에서 빠져 나오자. 그런 생각을 많이 하는 것은 자신에게 독이 된다. 피해의식은 자책감을 만들고 불행한 전망만을 만들어낸다.

"나는 매사에 잘못될 거야."

"나는 잘 될 리가 없어."

"나는 항상 재수 없어."

이런 부정적인 말 대신에 이렇게 말해보자.

"나는 잘 될 거야."

"나는 열등감도 많고 상처도 많지만 치유되고 성장할 거야."

"나는 더 이상 나 자신을 피해자로 만들지 않을 거야."

이런 생각으로 변화되도록 노력해야 한다.

자신과 타인에 대한 '차갑고 잔인한 말'은 그냥 말로 사라지는 것이 아니라 죄책감을 만들어낸다. 죄책감을 부추기는 수많은 언어와 태도와 눈빛을 기억해야 한다. 당신의 눈빛이 말하는 하나의 단어에도 심리적 기반이 연약한 사람은 심하게 흔들릴 수 있으며 그건 당신도 마찬가지다.

늘 누군가의 눈치를 보는 사람이라면 상대방의 무심하고 차가운 눈빛 한 번에도 여지없이 무너지고 만다. 그렇게 받은 상처는 죄책감과 수치심으로 이어져 스스로를 받아들일 수 없는 병적인 단계까지 내려가게 만들 수 있다.

죄책감에 대한 의미심장한 이야기가 있다. 미국 인디언들의 옛 이야기에 따르면, 모든 사람들의 마음속에 쇳조각이 있다고 한다. 그 쇳조각은 사람이 나쁜 짓을 할 때마다 그 사람의 마음을 아프게 하는데, 이때 느끼는 아픔이 죄책감이라는 것이다.

사람이 맨 처음 나쁜 일을 할 때에는 그 죄책감이 상당히 크지만, 가면 갈수록 그 쇳조각의 날이 무뎌져서 죄책감을 덜 느끼게 된다. 그래서 마음이 상처를 입고 피를 흘려도 그 통증에 무뎌지면 자신이 얼마나 아픈지도 잊은 채 계속 상처를 입게 되는 것이다.

죄책감이 심해지면 자신을 있는 그대로 수용할 수 없게 된다. 늘 불안하고 초조하며 긴장된 삶을 살게 되는 것이다. 다른 사람과 나를 비교하는 일도 멈추지 않을 것이다.

'저 사람은 저렇게 행복하고 완벽한데 난 이게 뭐야? 역시 난 멍청하고 형편없는 인간이야.'

나와 다른 사람을 비교하며 상처를 받으면 또 그로 인한 죄책감이 생기는 악순환이 이어진다. 이런 부정적인 굴레에서 벗어나기 위해서는 자신에게 깊이 새겨진 왜곡된 사고와 감정을 지워내는 노력이 필요하다.

먼저 당신의 열등감과 죄책감을 부추기는 절망적인 귓속말을 과감히 끊어야 한다. 스스로를 향한 비난의 메시지에 더 이상 귀를 기울여선 안 된다. 열등감은 타인에 대한 비교에서 비롯되기 때문에 평상시에 다른 사람과 나를 비교하지 않는 연습이 필요하다. 자신의 자존감을 높이기 위해 다른 사람을 일부러 깎아내릴 필요는 없다. 그건 전혀 도움이 되지 않는다. 부족함에도 불구하고 자신을 더 믿고 존중하는 의지와 믿음이 중요하다.

"나는 항상 나를 믿어."

"나는 항상 내 편이야."

"아직 부족하고 열등감도 많지만 그럼에도 불구하고 나는 내가 자랑스러워."

"걱정하지 마."

"내 열등감이 나를 성장시키고 있어."

나를 있는 그대로 수용하는 말, 격려의 말, 힘이 되는 말, 신뢰의 말, 용기를 내게 하는 존중의 말, 나의 아픈 마음을 기댈 수 있게 하는 친절한 말을 스스로에게 해 주는 노력이 절실히 필요하다.

자신과 타인에 대한 열등감과 분노, 불안 등을 느끼기 싫어서 차라리 모든 감정을 억압하고 아무것도 느끼지 않으려는 사람들도 있다. 이렇게 감정을 억압해 놓은 이유는 생존을 위해 온 힘을 다해 투쟁하다가 생긴 결과라고 볼 수 있다.

있는 그대로의 나를 받아들이는 연습

우리가 상처를 받을 때마다 우리의 내면에 침투해 들어오는 수치심, 분노, 불안, 외로움, 무시당하는 느낌, 비난받는 느낌, 깊은 상실감, 표현할 수 없는 슬픔, 두려움 등의 감정들은 존재감을 상실하게 할 만큼의 위력으로 자존감을 무너뜨린다.

무너지지 않으려고 기를 쓰고 투쟁하다 보니 자신도 모르게 감정을 억압하는 페르소나를 두껍게 덧씌우는 것이다. 타인은 그런 나의 페르소나를 진짜 나의 모습으로 착각하고 대한다. 그리고 자신 또한 그 페르소나에 갇힌 나를 진짜 나로 받아들이는 오류를 범한다.

하지만 분노, 우울, 슬픔 등의 억압된 감정은 억압된 채 서서히 폭발할 준비를 할 뿐, 결코 저절로 사라지거나 영원히 억압된 채로 놓여있지 않는다. 우울을 우울해 하지 못할 때, 슬픔을 슬퍼

하지 못할 때 분노가 더 쌓이고 우울도 더 깊어지게 된다.

열등감도 마찬가지이다. 그런 어린 아이 같은 자신을 존중할 수는 없다. 잠재된 갈등은 감정적으로 무기력하게 만들어 능력을 퇴색시키고 관계도 어렵게 만든다. 어른인 척 하려고 감정을 억누른 결과, 오히려 어린아이의 상태에 머물게 되는 것이다.

심리적 성숙은 자신에 대한 과도한 평가도, 자학 수준의 억압도 아닌 있는 그대로의 모습을 받아들였을 때 일어나는 것이다.

MBTI 열등감

"저는 ST인데 NF인 사람들이 부러워요."
"전 I인데 E인 사람이 되고 싶어요."

최근 MZ세대에서 MBTI가 유행하면서 이런 알쏭달쏭한 말을 들을 때가 있다. 모든 성격유형 검사들은 자신을 알고 타인을 이해하기 위한 참고 도구일 뿐인데, 이를 기준으로 성격을 규정짓고 맹목적으로 믿는 것이 문제가 된다.

MBTI(Myers-Briggs Type Indicator)는 정신분석학자 융의 심리 유형론을 바탕으로 마이어스와 브릭스 박사가 완성한 성격유형 검사로 총 16가지로 나뉘는 기질 유형을 설명해준다.

사람에게는 타고난 기질이라는 것이 있는데 이 검사를 통해 자신이 어떤 기질을 갖고 있으며 삶에서 어떤 지표를 주로 사용하는지 파악할 수 있다. MBTI에는 외향(E)—내향(I), 감각(S)—직관(N), 사고(T)—감정(F), 판단(J)—인식(P)의 지표가 있다. 각각의 지표들은 가장 근원적이고 핵심적인 기질을 뚜렷하게 보여주기 위해 고안됐다. 각각의 지표들은 대상자의 검사지 결과 점수를 통해 두 가지 중 하나로 결정된다.

물론 MBTI의 16가지 기준이 인간의 모든 기질을 다 설명 한다고 할 수는 없다. 또 사람에게는 앞서 언급된 내향과 외향, 감각과 직관, 사고와 감정, 판단과 인식이라는 8가지의 기질이 조금씩 다 있다. 지표 사이의 경계에 걸쳐진 사람들을 따지면 가지 수는 거의 무한대로 늘어난다. MBTI는 어떤 기능을 중점적으로 사용하는지, 즉 주기능이 무엇인지에 따라 성격 유형을 구분한다. 예를 들어 외향성 점수보다 내향성 점수가 높으면 그 사람의 첫 번째 지표는 내향성이 된다.

외향성(extraversion)과 내향성(introversion)은 심리적인 에너지의 관심이 어디로 향하는지를 알려주는 지표이다. 일반적으로 외향적인 사람은 다른 사람을 통해 에너지와 활력을 얻는다. 외부의 자극을 받으면서 에너지를 충전하는 것이다. 반대로 내향적인 사람은 외부 활동보다는 내부, 자신의 내면에 관심이 많다.

내향적 사람에게 바깥 활동은 에너지를 방출하는 일이기 때문에 사람들이 많은 곳에 가면 정신적으로 쉽게 지치곤 한다.

감각형(sensing)과 직관형(intuition)은 사람이나 사물을 어떤 방식으로 인식하는지 알려주는 지표이다. 감각형의 사람은 직관형의 사람보다 현실적이며 실용적으로 일을 처리하는 편이다. 반면 직관형의 사람은 대상을 볼 때 사실적인 관찰을 통해 판단하지 않는다. 직관형 사람들은 말 그대로 직관적으로 대상을 느끼며 통찰한다. 그러한 통찰은 저절로 이루어지며, 사물의 이치를 한눈에 꿰뚫는 시안이 발휘된다.

사고형(thinking)과 감정형(feeling)은 주어진 정보를 판단하고 선택할 때 사고를 바탕으로 하는지, 감정을 바탕으로 하는지를 알려주는 지표이다. 사고형의 사람은 이성적이고 객관적인 사실관계를 중요시 여긴다. 원칙과 비판 정신을 중요하게 여기기 때문에 결론을 내릴 때에도 객관적이고 분석적으로 판단하는 경향이 있다. 감정형의 사람은 관계를 중요시하기 때문에 옳고 그름의 객관적인 판단보다는 정서적으로 무엇이 그 사람에게 좋을지, 자신과의 관계에 좋을지를 고려하는 편이다.

판단형(judging)과 인식형(perceiving)은 실제적인 삶에서 판단과 인식 중에 어떤 것을 더 사용하는지 알려주는 지표이다. 판단형의 사람은 합리적이고 종합적인 결정을 추진력 있게 내리기를 선호한다. 그러기 위해서는 무엇이 먼저인지 우선순위를 빠르고 명확하게 정해야 한다. 그래서 판단형 사람들은 생각을 우선순위에 따라 체계적으로 정리해둔다. 인식형의 사람은 명확한 목적이 아닌 그때그때 바뀌는 상황에 따라 융통성을 발휘하며 변화를 잘 수용하는 특징이 있다.

모든 유형은 각각의 장점 및 보완할 점이 있다. 하지만 MBTI를 단편적으로 아는 사람들은 '넌 차가운 이성형이고 난 가슴이 따뜻한 감성형이야'라는 식으로 다른 사람을 쉽게 규정짓거나 좋고 나쁨을 쉽게 편가르는 오류를 범하기도 한다.

규빈 씨는 자신의 성격에 열등감을 가진 내담자였다. 그는 내향성 점수가 높은 내성적인 사람이었는데 그 때문에 사회생활을 할 때 종종 '소심한 사람'으로 낙인찍히곤 했다.

"저도 남 앞에서 활발하고 말도 잘하는 사람이 되고 싶어요. 혼자 연습도 해보고 노력도 하는데 막상 팀원들 앞에 서면 잘 안 돼요. 외향적으로 타고난 사람은 별다른 노력을 안 해도 발표든 인간관계든 잘 하는 것 같고요. 전 왜 이렇게 소심한 걸까요?"

대부분의 사람들은 조용한 사람을 소심한 사람으로 오해하기 쉽지만 내성적인 것과 소심한 것은 완전히 다르다. 목소리가 크고 말이 많은 외향적인 사람이 내성적인 사람보다 훨씬 더 소심

할 수 있다. 규빈 씨처럼 내성적인 사람이 오히려 대담한 결정을 내릴 때도 있다. 실제로 그는 차분히 오래 생각해 남들이 알아채지 못하는 곳에서 기회를 발견하고 실행하는 담대한 성격을 가졌다.

또 다른 내담자는 자신이 감정형이 아닌 사고형이라 차가운 사람이라는 말을 많이 듣는다며 따뜻한 감정형의 사람이 되고 싶어 했다. 어떤 사람은 자신은 너무 정에 휘둘리는 나약한 감정형의 사람이라면서 언제나 냉철하고 이성적인 사고형의 사람이 되고 싶어 했다. 하지만 앞서 말했듯 모든 사람에게는 8가지의 기질이 모두 조금씩 있으며 모든 기질은 나름의 장단점을 갖고 있다.

감정형이라고 해서 모두에게 공감할 수 있는 따뜻하고 친절한 사람이라는 뜻이 아니다. 또 사고형이라고 해서 모든 결정을 이성적으로 올바르게 내리며 자신밖에 모르는 피도 눈물도 없는 냉혈한이 아니다. 기질 이전에 품성이 있으며 이 품성에 따라 감정형의 사람은 '자기 감정 밖에 모르는 이기적인 사람'이 될 수도 있고, 사고형의 사람은 '이성적으로 다른 사람들의 감정을 이해하고 섬세하게 챙겨주는 사람'이 될 수도 있다. 그러므로 괜한 성격 열등감을 갖지 않아도 된다. 자신이 가진 기질을 있는 그대로 인정해주고 그 기질이 갖고 있는 잠재력을 키우면 된다.

한편, 내가 속한 유형이 아니라 다른 유형이 됐으면 좋겠다는 말속에는 다른 사람이 자신을 (내 본모습이 아닌) 내가 원하는 이미지로 봐 줬으면 좋겠다는 심리가 숨어있다. 예를 들어 내향(I)과 감정(F)을 주기능으로 사용하는 성격 유형을 가진 사람이 스스로 생각할 때 너무 소심하고 만만해 보이는 것 같아 남에게는 그 반대로 보이고 싶은 욕구가 발동하는 것이다.

'내가 생각해도 정에 약하고 물러 터졌어. 나도 저 사람처럼 남들 앞에서도 논리적이고 이성적으로 내 의견을 말하는 사람이면 얼마나 좋을까? 그럼 사람들이 날 무시하지 못할 텐데.'

하지만 사람이 타고난 기질이 완전히 정반대로 바뀌기는 정말 쉽지 않다. 타인에게 자신이 원하는 이미지를 연출하기 위해 바꿀 수 있는 것은 더더욱 아니다. **자신의 성격이 결함처럼 느껴질 때 우리는 나와는 다른 사람의 성격을 부러워하고 열등감을 느낀다.** 나의 발전을 위해 부족한 점을 채우고 싶다면 어느 정도의 노력을 기울이면 된다. 그저 다른 사람이 좀 더 멋있고 좋아보여서 내가 가진 기질에 괜한 열등감을 느끼지 않아도 된다. 모든 사람에게는 개개인을 빛나게 하는 매력과 더 나은 사람으로 성장할 수 있는 풍부한 내적 자원이 있기 때문이다.

자기 자신이나 누군가가 당신의 성격을 진단하고 규정짓는 말에 더는 상처받지 말기를 바란다. 모든 성격은 장점과 보완할 점이 있다는 사실을 꼭 기억하길 바란다. 그러므로 단점만을 추출해서 그것으로 지독한 열등감에 빠져 자신을 규정짓는 것은 정말 위험한 일이다.

나답게 살면 돼

운동선수나 악기를 다루는 예술가가 얼마나 치열하게 연습하는지 우리는 알고 있다. 오래된 비교심리의 사고는 어릴 때부터 형성되어 그 뿌리가 깊다. 그래서 그것에 빠지지 않기 위해 연습하고 또 연습해야 한다. 더 이상 타인과 비교하지 않아도 혹은 비교하더라도 멈추지 말고 마음이 안정될 때까지 자신에게 용기를 주고, 다른 사람도 나와 같다는 말과 비교는 시간 낭비라는 말을 계속 자신에게 해주자.

"나는 그 누구와도 비교 대상이 될 수 없어."
"이제는 나를 짓누르던 비교 대상에 대한 열등감과 수치심을 내려 놓을거야."
"나는 나답게 살면 돼."
"누가 나를 비교하듯 말하면 단호히 거절할거야."

당신의 비교심리와 반대되는 말을 계속 매일 적고 읽으며 연습에 연습을 거듭하는 노력이 필요하다. 그러면 머지않아 비교하는 것이 얼마나 어리석으며 에너지 낭비인지 알게 될 것이다.

ꞏꞏꞏꞏꞏꞏꞏꞏꞏꞏꞏꞏꞏꞏꞏꞏꞏꞏꞏꞏꞏꞏꞏꞏꞏꞏꞏ 타인과의 비교 충동이 일어날 때 대처하는 TIP

- 스스로를 약하게 하고 자책하는 말과 생각을 하지 말자.
- 자신의 약함을 인정하면서 동시에 힘이 되고 자아를 지켜주는 말을 해주자.
- 부정적인 감정이라고 해서 억압하지 말고 있는 그대로의 감정을 인정해 해소하자.
- 누가 자신을 비하하듯 말하면 그 말에 요동치지 말고 "당신이 그렇게 말해주니 고마워요. 그 말이 더 나은 나를 만들겠네요"라고 말하자.
- 그렇게 말하면 상대방은 다시는 똑같은 말을 하지 않을 것이다.
- 마음속으로 타인과 비교해서 자신을 초라하게 여긴다면 저 사람도 나와 똑같은 열등감이 있다고 외치자.

Chapter 6. 있는 그대로의 나를 받아들이는 연습

SNS는 편집된 행복이다

다양한 SNS 문화가 발달하면서 '카페인 증후군', '카페인 우울증'을 앓는 사람들이 많아졌다. 여기서 '카페인'이란 '카카오스토리, 페이스북, 인스타그램'의 앞 글자를 딴 신조어다. SNS를 자주 접하는 사람일수록 상대적 박탈감에서 오는 열등감과 우울감을 느낄 확률이 높다. 다른 사람들의 화려하고 행복한 일상을 보면 자연스럽게 그렇지 못한 자신의 처지와 비교가 되기 때문이다.

영화 〈괜찮아요, 미스터 브래드〉의 주인공 브래드는 카페인 증후군 및 우울증에 걸린 사람의 모습을 잘 보여주고 있다. 그는 비영리 단체에서 일하는 평범한 중년 남성으로, 매일 엄청난 부자거나 사회적으로 큰 영향력을 가진 대학 동창들의 SNS를 보며 열등감에 휩싸인다. 브래드는 자신의 친구들은 잘 나가는 할리우드 감독이거나 부자, 정치인으로 살고 있는데 나는 왜 이런 인생을 살고 있는지 생각하며 매일 아침마다 비참함을 느낀다.

그는 자신의 아들 트로이가 하버드대학교에 진학하면 그 초라함을 조금이나마 보상받게 될 거라 믿으며 오랜만에 큰 희망과 기대를 품는다. 하지만 트로이는 실수로 하버드 면접 기회를 놓치게 되고, 브래드는 아들의 실수를 수습하기 위해 평소 열등감을 느끼던 동창들에게 연락하게 되면서 뜻밖의 사실을 알게 된다. SNS에서 행복하고 완벽하게만 보였던 동창들에게 실은 대수술을 앞둔 아픈 자녀가 있거나, 큰 사기를 당하는 등 각자 불행하고 고통스런 사정이 있었던 것이다.

겉으로 보기에 부럽기만 한 사람도 속사정으로 들어가면 어느 한 사람, 어느 한 가정도 불행과 고통의 시간이 없는 곳이 없다. 그래서 겉으로 드러난 것만 보며 미친 듯 부러워하거나 우울해하지 말자. 사람은 모두 같은 양의 고통을 다 갖고 산다. 시기와 종류만 다를 뿐이다.

포장된 행복에
속지 마라

SNS에 자신의 불행을 전시하는 사람은 없다. 누구나 다른 사람에게 자신이 잘 살고 있고 행복하다는 것을 알리고 자랑하길 원한다. 삶의 비극은 편집한 채 최대한의 행복을 전시해 놓은 곳이 바로 SNS 세상이다. 거짓 행복의 나열은 실은 비참한 슬픔과 열등감의 크나큰 장이다.

각종 SNS를 대표하는 IT기업들은 사람들의 관심사 등을 끊임없이 분석해 거대한 데이터를 수집하고 계속 새로운 기능을 개발해 사용자로 하여금 그 속에서 쉽게 빠져나오지 못하도록 한다. 사람들의 활동량이 활발할수록 광고 수익이 높아지기 때문이다. 그렇기 때문에 많은 사람들이 쉽게 SNS를 끊을 수 없는 건 당연한 일이다.

중요한 사회적 이슈를 공유하거나 실종된 가족을 찾아주는 등 SNS가 제공하는 순기능은 막강하지만 그에 못지않은 부작용이 많기 때문에 우리는 스스로 SNS를 지혜롭게 통제하는 방법을 배워야 한다. 매일 SNS를 보며 자신을 비참하고 초라하게 여긴다면 과감하게 그 어플에서 나올 필요가 있다.

영화 마지막에 트로이는 열등감에 시달리던 아빠 브래드를 보며 이렇게 말한다.

"사람들은 자기 자신만 생각하기 바빠. 아빠를 생각하는 사람은 나밖에 없으니까 아빠는 내 의견에만 신경 쓰면 돼."
"그래? 네 의견은 어떤데?"
"사랑해."
"고맙다."

영화 말미에 브래드는 '난 나를 추켜세우거나 비하하는 데 너무 많은 시간을 써 버렸다'며 살아있는 이 순간을 생생하게 느끼면서 미소를 짓는다.

혹시 당신도 SNS라는 도구를 통해 자신을 과대 포장하거나 다른 사람들의 사진을 보며 속으로 스스로를 비하하지는 않는가? SNS가 보여주는 완벽이라는 환상은 말 그대로 환상이자 허상이다. 그런 허상에 속아 소중한 일상을 비참하고 초라하게 만드는 것은 어리석은 일이다. 삶은 편집된 영화도 아니고 멈춰 있는 잡지 화보도 아니다. 누구에게나 다른 사람에게 숨기고 싶은 비극이 있다. 그 비극에 어떤 태도로 대처할 것인지는 우리에게 달렸다.

모든 행복은
나에게 달렸다

나치의 강제수용소에 겪은 체험 수기를 담은 《죽음의 수용소에서》의 저자 빅터 프랭클Viktor Frankl은 "한 인간에게서 모든 것을 앗아가더라도 한 가지만은 뺏을 수 없다. 인간의 마지막 자유. 어떤 상황에서도 자신의 태도를 선택할 수 있는 자유가 그것이다"라고 말했다.

당신은 자신에 대한 태도를 선택할 수 있다. 그건 다른 사람에 대한 태도보다 더 중요하고 근본적인 의미를 갖고 있다. 자신에 대한 태도가 건강하고 바람직할수록 타인에 대한 태도 또한 존중과 진심이 담겨 있게 된다.

존재하지 않는 허상에 속아 자신을 열등감 덩어리인 사람으로 만들어 가고 있는가? 세상을 온통 불공평하고 부당한 무대인 것처럼 원망하며 적개심에 가득 찬 존재로 살고 싶은가? 아니면 삶의 고통에 당당히 대처하며 존엄한 한 인간으로 나아가고 싶은가?

모든 선택은 당신에게 달렸다. 당신에게는 선택을 할 자유가 주어져 있다. 자기 자신에 대한 정의도 전적으로 당신에게 달렸다. 선택할 자유를 다른 사람에게 뺏기거나 다른 사람의 눈치를 보는 데 헛되이 쓰면 안 된다. 당신은 세상에서 유일무이한 단 한 사람이다.

카페인 증후군에서 벗어나는 TIP

- SNS가 보여주는 것은 모두 환상이자 허상이라는 것을 인지한다.
- 누구에게나 삶의 고통은 있으며 이를 지혜롭고 당당하게 대처하는 것이 중요하다.
- 나의 존재는 SNS가 아닌, 나 스스로 정하는 것이다.
- 미디어나 '카페인' 속에서 행복한 척 하는 사람들일수록 불행하고 열등감에 짓눌려 있을 수 있다는 사실을 반드시 알아야 한다.

타인의 시선에서
자유로워지기

다른 사람의 시선을 의식하며 자신과 비교할 때 '역시 난 너무 잘났어. 내가 세상에서 최고지' 하며 우월감을 갖는 사람은 아마 거의 없을 것이다. 대부분의 사람들은 스스로를 비하하며 계속 타인의 시선을 의식하게 된다.

'저 사람이 날 어떻게 생각할까?'

'속으로 내 욕을 하고 있진 않을까?'

'아까 날 보던 눈빛이 찜찜한데… 내가 뭘 또 잘못한 걸까?'

'왜 인사도 없이 지나가지? 내가 뭘 잘못했나?'

이렇게 다른 사람의 눈치를 보게 되면 늘 사람들이 자신을 괴롭힌다는 피해의식도 자라게 된다. 자신과 타인에 대한 불신이 쌓여 더 큰 열등감과 수치심을 불러일으키는 것이다.

다른 사람의 시선에서 자유로워지려면 두 가지를 알면 된다. 첫 번째는 다른 사람들도 나의 시선과 생각을 의식하며 신경 쓰고 있다는 사실이다. 내가 눈치를 보고 있는 저 사람도, 나를 의식하며 자신의 평판과 행동에 대해 신경을 쓰고 있다. 그러므로 세상 모든 사람이 나만 보고 내가 하는 말 한 마디 한 마디를 평가하며 지켜보고 있다는 생각은 불필요한 에너지 소모만 낳을 뿐이다.

두 번째는 자신에 대해 의식하느라 다른 사람에게는 (스스로에게 쏟는 것만큼) 큰 신경을 쓰지 않는다는 점이다. 이 말을 스스로에게 적용해보면 더 쉽게 이해할 수 있다. 다른 사람의 시선을 신경 쓸 때, 표면적으로는 다른 사람에게 관심이 가는 것 같지만 실은 그 모든 신경과 관심은 온통 자신에게 쏠려있는 것이다.

나에 대해 그렇게까지 신경 쓰지 않는다면 애초에 다른 사람이 '나'를 어떻게 볼지, 어떻게 평가할지에 대한 생각도 중요하지 않게 된다. 다른 사람 때문에 긴장이 될 때마다 이 두 가지 사실을 떠올리면 조금이라도 긴장이 풀리고 명확히 생각할 수 있을 것이다.

더 근본적으로 타인의 시선에서 자유로워지려면 남들이 나를 어떻게 보든 신경 쓰지 않으면 그만이다. '날 소심하고 생각 없는 사람으로 볼까? 그러라지, 뭐' 하고 넘기는 것이다. 늘 남의 눈치를 보는 사람들은 어떻게 그렇게 할 수 있냐며 전전긍긍할 수 있다.

하지만 '남들이 뭐라고 하든 상관없어. 저 사람이 생각하는 나는 진짜 내가 아니니까'라고 마음먹는 사람들은 스스로에 대한 정의를 타인의 손에 쥐어주지 않는, 진짜 자존감 높은 사람이라고 할 수 있다.

미국의 심리학자 칼 로저스Carl Rogers는 "모든 인간은 자기를 실현할 수 있는 동기와 능력을 이미 가지고 있다. 다만 살아가는 과정에서 그러한 능력이 가려졌을 뿐이다. 사람들이 수많은 가능성과 잠재력을 타고났음에도 불구하고 그것을 실현하지 못하고 심리적 문제를 겪는 것은 살아오는 동안에 형성된 마음속의 왜곡과 부정 때문이다"라고 말했다. 그의 말처럼 결국 내가 누군지는 내가 정하게 된다.

물론 타인의 조언과 정당한 비판은 겸허히 받아들이며 끊임없이 나 자신을 성장시켜야겠지만 그 과정에서 부족한 나를 비난하고 벼랑 끝으로 몰고 가며 나에 대한 주도권을 누군가에게 줄 필요는 없다. 다른 사람의 기준에 나를 맞춰 이리저리 휘둘려서는 안 된다.

세상에 완벽한 사람은 아무도 없으며 당신을 멋대로 판단하고 비난하는 그도 알고 보면 결핍투성이인 그저 한 인간일 뿐이다. 우리는 너무나 쉽게 자신을 비하하고 나와 비교되는 타인을 우월하게 여기며 '이상화' 하는 경향이 있다. 이런 왜곡된 믿음과 생각은 나의 자존감을 갉아먹을 뿐, 진정한 성장을 막는 장애물이 된다.

다른 사람의 편견을
받아들이지 말 것

우리는 나도 모르게 타인의 말 한 마디에 자신을 그렇게 규정 짓곤 한다. 그리고 자존감이 낮은 사람일수록 다른 사람들의 표정 변화나 말 한 마디에 예민하게 반응한다. 자신에 대해 어떤 평가를 내리고 있는지 끊임없이 눈치를 살피며 스스로 위축되곤 한다. 사람들의 눈치를 살피고 사람들의 마음에 들려고 행동하면 남들이 보기에 잠깐 착한 사람으로 평가받을 수는 있지만 자기 자신은 항상 에너지가 고갈되어 힘없는 모습이 되기 쉽다.

사람들에게 사랑 받기 위해 생긴 거짓 자아는 언제 본모습을 들킬지 모를 두려움을 만들고 점점 더 소극적으로 변하게 한다. 또 '저 사람 때문에 내가 이렇게 됐어' 하는 피해 의식에 사로잡히게 되기도 한다.

당신 안에 흐르는 두려움과 불안을 감지한 사람들이 당신 곁을 떠나게 되면 당신은 점점 더 외로워지게 될 것이다. 열등감은 더 높아지고 자존감은 더 낮아지며 결국 더 남들의 눈치를 보는 악순환에 빠지는 것이다. 그 고리에 빠진 사람은 '나는 왜 이렇게 열등한 존재일까?' 하는 고민으로 밤을 샐 것이다.

하지만 내가 열등감으로 괴로운 이유는, 정말 열등해서가 아니라 다른 사람의 왜곡된 생각을 왜곡된 방식으로 받아들였기 때문이다. 왜 나는 이토록 나 자신을 싫어하게 되었는지 돌아보길 바란다.

다른 사람 말고, 나는 정말로 '나'를 어떻게 생각하고 있는가? 내가 나를 어떻게 생각하고 인식하고 있는지가 다른 사람의 생각보다 훨씬 더 중요하다. 내가 갖고 있는 열등감도 정말 내가 못나서 생겨난 것인지도 면밀히 분석하고 탐색해보길 바란다.

당신에게는 이미 당신의 잠재력을 실현시키고 인격을 성장시킬 모든 뛰어난 자산이 내재되어 있다. 이것을 인정하고, 안 하고는 당신에게 달려있다. 이 사실을 인정하면 다른 사람의 생각은 더 이상 중요치 않아진다. 그제야 비로소 온전히, 건강한 사고방식으로 자신에게 집중할 수 있게 되는 것이다.

당신만이
당신을 보호할 수 있다

　그럼에도 불구하고 우리는 타인의 시선에서 완전히 자유로울 수 없다. 그런 사실도 용납하고 받아들이면 된다. 다른 사람의 평가에 연연하지 말고 내가 나를 성찰하는 시간을 자주 갖길 바란다.

　다른 사람에게 휘둘리는 동안에는 감정소모가 엄청나게 일어나고 일에도 집중하기가 힘들다. 상대방이 정말로 나쁜 사람이라면 단호하게 자신의 의견을 피력해야 한다. 보통의 까칠한 사람이라면 나와 비슷한 열등감 정도를 가진 불쌍한 사람이라 여기고 봐주자. 사람에 대한 시선이 비판적이거나 열등하거나 극단적으로 가는 것 모두 잘못이다. 나를 존중하고 다른 사람도 존중하자.

　사람들은 한 사람 한 사람 들여다보면 모두 불쌍한 존재들이다. 그래서 사랑이 필요한 것이다. 사랑만 주고 살기에도 인생은 짧다. 그러니 인류애와 휴머니즘의 관점에서 사람들을 대하고 스스로도 이용당하거나 상처를 받고도 계속 참으면 안 된다.

　인생이라는 실존의 바다에서 궁극적으로 다른 누군가가 아닌, **당신만이 당신 스스로를 보호할 수 있다.** 이 사실을 꼭 기억하길 바란다. 또 열등감에서 수많은 깨달음을 얻을 때 그 열등감은 당신을 키우는 강력한 영양소가 된다는 것도. 그러니 열등감 많은 나를 사랑해 주자. 더 많이 사랑해 주자. 나를 사랑할수록 이전에는 보이지 않던 빛나는 아름다움을 내 안에서 더 많이 찾을 수 있을 것이다. 그리고 슬프고 외롭기만 했던 눈동자에는 스스로에 대한 기쁨이 깃들 것이다.

열등감
활용법

"제 연기의 원동력은 열등감이에요."

제93회 아카데미 시상식에서 한국 배우 최초로 여우조연상을 수상한 윤여정 씨는 연기의 원동력이 '열등감'이라고 밝혀 많은 사람들에게 신선한 충격을 주었다.

"열등의식에서 시작된 것 같아요. 전 연기 전공자도 아니고 연극 배우 출신도 아니고 그냥 아르바이트처럼 연기를 시작했어요. 제 약점을 아니까 열심히 외우는 거죠. 피해는 주지 말자고 생각했어요. 나중에는 연기는 절실해야 한다는 걸 알았고요. 전 정말 먹고 살려고 했어요. 대본이 저에겐 성경 같았죠."

그녀는 '난 연기를 전공하지 않았어'라고 주저앉는 대신, 그 열등감에 직면해 더 이상 그것이 열등감으로 느껴지지 않을 정도로 연기 연습을 했다. 그 어떤 배우보다 더 다양한 역할을 맡았으며 관객들에게 매 순간 강렬하고 또 섬세한 연기를 보여주었다.

나는 기자 회견에서 그녀가 한 이 말을 가장 좋아한다. 전형적이지 않으면서 솔직하고 순수한 마음이 느껴지기 때문이다.

"상을 탔다고 윤여정이 김여정이 되는 건 아니잖아요. 살던 대로 살 거예요."

그녀는 아카데미 여우조연상 수상으로 자신의 연기력을 전 세계적으로 인정받았음에도 불구하고 스스로 생각하는 자신의 가치를 바꾸지 않았다. 성과에 따라 자존감이 좌지우지되지 않았으며 수상의 영광이 그녀 특유의 매력이나 가치관을 뒤흔들지도 않았다. 아울러 교만해지지도 않았으며, 그동안 자신을 홀대한 사람들을 향한 보이지 않는 독설조차 내비치지 않았다. 그녀는 여전히 대한민국 관객이 사랑하는 배우, '윤여정'이었다. 물론 영광스런 업적이 분명하지만, 그녀에겐 때때로 그 모든 일들이

242   Chapter 6. 있는 그대로의 나를 받아들이는 연습

마치 '유쾌한 해프닝'인 듯 했다.

또 최고만을 지향하는 시대에서 '최중'으로 살고 싶다는 말은 젊은 세대에게 큰 위로와 울림을 주었다. **자신이 가진 열등감을 열등감으로 '인식'하고 노력해 나 자신에게 인정받는 것**. 외부 평가에 휘둘리지 않고 그저 나대로 사는 것. 이보다 더 열등감을 당당하고 품위 있게 대처할 수 있는 방법이 또 있을까.

윤여정씨는 자신의 열등한 상황과 내면을 거침없이 희화화시켜 유머러스하게 수상소감을 말하며 조금도 부끄러워하지 않았다. 이혼했고, 홀로 두 아들을 키우면서도 항상 당당하게 자신의 길을 걸어왔다. 젊은 시절 이혼하고 돌아온 그녀는 찬밥신세였고 홀대받았다. 그러나 영화계에서 작은 역할도 마다않고 최선을 다했다. 그리고 세계적인 영화인들이 보고 있는 자리에서 그녀는 자신을 한없이 낮추면서도 신념과 강한 자존감을 들어내는 빛나는 수상소감을 해서 세계인들을 놀라게 했고 유쾌하게 만들어 주었던 것이다.

"저를 이 자리에 있게 한 것은 키워야했던 두 아들이었다. 먹고 살아야했으니까… "

윤여정씨는 앞으로도 더욱 승승장구하겠지만, 지금까지 그랬던 것처럼 자신의 자리에서 '윤여정'으로 살아갈 것이다. 나도,

이 책의 독자들도 그랬으면 좋겠다. 강지윤은 강지윤으로, 김태연은 김태연으로, 이상우는 이상우로.

　나는 나로 살면 된다. 열등감을 다 없애야 행복한 것이 아니다. 열등감을 안고 살며 그것 때문에 무너지지 않고, 오히려 성장하며 한 발씩 나아가면 된다. 내가 나를 부정하면 슬픔과 공포가 몰려온다. 부디 지금의 자신을 사랑스럽게 받아주자. 그러면 된다.

- 다른 사람들도 나를 신경 쓰고 있다는 사실을 인식하자.
- 내 생각만큼 다른 사람들이 나를 지켜보고 있지 않다는 것을 깨닫자.
- 다른 사람의 판단이 곧 '나'라고 여기지 말자.
- 나에 대한 정체성을 타인에게 평가받지 말자.
- 나 자신에 대한 스스로의 생각과 판단이 다른 사람의 판단보다 훨씬 더 중요하다는 것을 깨달아야 한다.
- 삶의 모든 고통(열등감, 수치심, 비교심리, 우울, 불안)은 반드시 나쁜 것만은 아니며 그 고통의 시간을 견디며 얻은 깨달음이 나를 성숙하게 한다는 걸 기억하자.
- 그러므로 인생의 모든 순간은 깨달음으로 이루어져야 하며 어제보다는 오늘이, 오늘보다는 내일이 더 성숙한 인격이 되어야 한다.

//

더 이상 나에게
상처 주지 말 것

우리는 지금까지 내가 갖고 있는 열등감이 무엇인지 그 열등감이 무엇에서 비롯된 것인지 탐색하며 여기까지 왔다. 그 과정에서 어떤 사람은 이미 평소에 알고 있는 열등감을 생각했을 수도 있고, 또 누군가는 미처 알지 못했던 새로운 열등감을 발견했을 수도 있다.

건강하지 못한 열등감은 인생의 혹한기를 겪을 때 당신을 가장 고통스럽게 할 심리적 질병이자 장애 요소이다. 그러므로 중요한 건 그 열등감을 대하는 자신의 태도이다. 따듯한 온기가 가득한 봄, 꽃길을 걸을 때에도, 한 겨울보다 더 혹독한 한파가 삶에 찾아올 때에도 나에게서 떼어놓을 수 없는 존재는 바로 나 자신이기 때문이다.

우리는 태어나면서부터 죽을 때까지 '나'라는 존재와 한 몸처럼, 아니 정말 한 몸으로 살아야 한다. 단지 육체뿐 아니라 정신까지 하나로 말이다. 행복이 찾아올 때나 불행이 닥쳤을 때에도 나는 나를 버릴 수 없다. 버려서도 안 된다. 다만 나 자신을 더 불행에 빠트리느냐, 아니면 그 불행에서 스스로를 건져 구원하느냐는 오직 나에게 달려있다.

"난 정말 못났어. 나처럼 형편없는 인간은 없을 거야."
"이런 불행을 겪는 것도 당연해."
"다른 사람은 나보다 훨씬 강하고 대단한데 난 대체 왜 이러지?"

이러한 부정적 생각과 감정은 긍정적 생각으로 바꿔서 자신에게 이런 말을 해 주어야 한다.

"다른 사람들도 나랑은 다르지만 각자 삶의 고통을 겪고 있어. 힘들어 하는 건, 잠시 주저앉는 건 잘못이 아니야. 나한테는 다시 일어설 수 있는 힘이 있어. 나는 나를 믿어."

그런 말을 해주기 위해선 내면의 힘을 길러야 한다. 이 내면의 힘이란 자신의 삶을 스스로 조율하고 통제할 수 있는 능력이 자신의 내면에 있다는 것을 '인정'하는 것에서부터 비롯된다. 이 사실을 인정하는 것만으로도 당신에게 위안과 기쁨을 줄 것이다.

당신이 인정하든 인정하지 않든 당신은 이미 존재만으로 충분하다. 삶에서 꼭 무언가 대단한 성취를 이루지 않아도 그저 존재하는 것만으로도 가치있는 사람이다.

니체는 《차라투스트라는 이렇게 말했다》에서 "네 운명을 사랑하라. 지금부터는 이것이 나의 사랑이 될 것이다. 나는 추한 것과 전쟁을 벌이고 싶지 않다. 비난하고 싶지도 않다. 심지어 나를 비난하는 자들까지도"라고 말했다. 또 니체는 고통으로 가득한 인생에 대해서도 "이것이 삶인가? 그렇다면 다시 한 번!"이라며 고통 자체인 삶을 긍정하고 오히려 고통을 초월하는 의지와 정신을 보여주었다.

"다음 생이 있다면 넌 누구로 태어나고 싶어?"라는 질문에 "난 그냥 나로 태어날래"라고 답할 수 있다면 가장 높은 자존감을 가진 사람이다. 그만큼 자신을 존중하고 사랑한다는 자기 고백이 또 있을까.

나를 비난하고 열등하게 만드는 것이 나 자신이든, 다른 사람이든 그것과 전쟁을 벌이지 않길 바란다. 어떤 경우에서도 흔들리지 않은 채 나 자신에 대한 주도권을 쥐고 용감하게 나아가려는 삶의 태도를 유지하길 바란다. 그럴 때 우리는 지금 이대로 충분한 존재가 된다.

지금, 이 책을 덮는 당신의 얼굴이 굳은 의지로 빛나고 있다. 우리는 지금보다 더 행복할 것이다.

그리고 지금 이 순간, 당신이 가장 아름답다.

열등감이란 매우 정상적인 감정이다.
이를 극복하는 과정에서 인간은 성장한다.

알프레드 아들러

나는 나를
사랑할 수 있을까

초판 1쇄 인쇄 2021년 9월 1일
초판 1쇄 발행 2021년 9월 6일

지은이   강지윤

발행인   유영준
편집팀   오향림, 한주회
디자인   어나더페이퍼
표지그림   우지현
인쇄   두성P&L
발행처   와이즈맵
출판신고   제2017-000130호(2017년 1월 1일)

주소   서울시 강남구 봉은사로16길 14, 나우빌딩 4층 쉐어원오피스 (우편번호06124)
전화   02-554-2948
팩스   02-554-2949
홈페이지   www.wisemap.co.kr

ISBN 979-11-970602-5-0 (03180)